ERASMO VIEIRA

VIVA EM PAZ COM O SEU DINHEIRO

QUALIDADE DE VIDA E EDUCAÇÃO FINANCEIRA

VIVA EM PAZ COM O SEU DINHEIRO

Copyright© 2018 by Literare Books International.
Todos os direitos desta edição são reservados à Literare Books International.

Presidente:
Mauricio Sita

Capa e diagramação e projeto gráfico:
Lucas Chagas

Revisão:
Daniel Muzitano

Diretora de Projetos:
Gleide Santos

Diretora de Operações:
Alessandra Ksenhuck

Diretora Executiva:
Julyana Rosa

Relacionamento com o cliente:
Claudia Pires

Impressão:
Epecê

Dados Internacionais de Catalogação na Publicação (CIP)
(Câmara Brasileira do Livro, SP, Brasil)

Vieira, Erasmo
   Viva em paz com o seu dinheiro / Erasmo Vieira. --
São Paulo : Literare Books International, 2018.

   ISBN 978-85-9455-093-4

   1. Educação - Finanças 2. Finanças 3. Finanças -
Planejamento 4. Finanças pessoais 5. Investimentos
I. Título.

18-17155   CDD-332.6

Índices para catálogo sistemático:

1. Educação financeira : Economia   332.6

Cibele Maria Dias - Bibliotecária - CRB-8/9427

Literare Books International
Rua Antônio Augusto Covello, 472 – Vila Mariana – São Paulo, SP.
CEP 01550-060
Fone/fax: (0**11) 2659-0968
site: www.literarebooks.com.br
e-mail: contato@literarebooks.com.br

DEDICATÓRIA

Dedico este trabalho primeiramente a Deus, que me deu sabedoria e a às mulheres de minha vida, Mônica minha esposa, Thaís minha filha, e Alice, minha mãe.

PREFÁCIO

Vida, paz e dinheiro, palavras presentes e necessárias ao nosso dia a dia. Viver nos remete a um conjunto de atitudes e hábitos que, se bem articulados, organizados e planejados, possibilitarão um viver e conviver sem conflitos, perturbações e com tranquilidade.

Agora, imagine tudo isso com dinheiro no bolso para realizar e suprir suas necessidades e realizar seus sonhos.

Mas, essa conquista não é tão simples assim, não é mesmo? Diante de tantas ofertas de consumo neste mundo globalizado somente muito domínio próprio e uma verdadeira dose de educação financeira para mantermos nossas finanças organizadas.

Neste livro, Erasmo Vieira palestrante e consultor financeiro nos mostra dicas e orientações para gastar, viver em paz e melhor com o dinheiro.

Mônica Dias Almeida Vieira
Esposa, fã e aprendiz de Erasmo Vieira

APRESENTAÇÃO

Este livro tem como objetivo principal orientar as pessoas para que consigam viver melhor e em paz com o dinheiro que ganham. Em resumo, sei que todas as pessoas possuem sonhos na vida e que em muitos desses sonhos a questão financeira pode não ser o fator principal, contudo ajuda muito.

Quero declarar que não tenho o objetivo de ensinar os indivíduos a serem pães-duros, sovinas, mãos de vaca ou tios patinhas, a entender, eu não sou assim. Ganhar dinheiro é muito importante, porém, tão importante quanto ganhar dinheiro é saber gastar o dinheiro que se ganha.

Ganhar mais para realizar todos os sonhos, todo o mundo tem de querer, todavia, qual é o salário ideal para você viver? O salário mínimo está bom? Ou R$ 3.000,00, R$ 10.000,00? Qual é o salário ideal?

Conheço pessoas que conseguem viver com um salário mínimo, bem como tenho ciência de que muitas pessoas que, mesmo recebendo acima de R$ 15.000,00 de salário líquido por mês, utilizam todos os meses de limites de cheques especiais ou atrasam o pagamento de contas.

Portanto, no meu trabalho como palestrante e como consultor financeiro, vejo que simplesmente não existe o salário ideal quando não se sabe gastar bem o seu dinheiro, de forma que cada centavo gasto produza uma melhora da qualidade de vida para você e para toda a sua família.

Vejo que a grande necessidade das pessoas hoje está em aprender a gastar bem o que elas conseguem gerar como funcionárias com carteira assinada, como profissionais liberais ou como empreendedoras. Ao longo de dezessete anos como consultor financeiro, tenho trabalhado com pessoas e com famílias que conseguem gerar uma renda que 99% da população brasileira gostaria de ter, contudo não sabem gastar bem, estão insatisfeitas, e, em alguns casos, muito endividadas. Grosso modo, ganham bem e vivem mal.

Não seja assim, isto é, este livro é para você que deseja aprender a valorizar todo real que passa na sua mão, de forma que cada centavo gasto seja benéfico para a sua qualidade de vida e a de sua família. Quer aprender a viver em paz com o seu dinheiro? Venha comigo. Boa leitura.

SUMÁRIO

CAP. 1 - QUALIDADE DE VIDA E EDUCAÇÃO FINANCEIRA — **11**

CAP. 2 - REALIDADE DA CULTURA DE EDUCAÇÃO FINANCEIRA — **21**

CAP. 3 - O QUE É QUALIDADE DE VIDA — **35**

CAP. 4 - MINHA HISTÓRIA — **57**

CAP. 5 - BONS HÁBITOS PARA VIVER EM PAZ COM SEU DINHEIRO — **73**

CAP. 6 - COMO GASTAR MELHOR O SEU DINHEIRO — **89**

CAP. 7 - RESERVA FINANCEIRA — **99**

CAP. 8 - COMO ORGANIZAR O ORÇAMENTO — **105**

CAP. 9 - DÍVIDAS — **121**

CAP. 10 - INVESTIMENTOS — **139**

CAP. 11 - VIVA EM PAZ COM SEU DINHEIRO — **145**

1

**QUALIDADE DE VIDA
E EDUCAÇÃO FINANCEIRA**

Quem nos dias de hoje não gosta de gastar dinheiro? Como é bom poder comprar, atender às nossas necessidades e também aos nossos desejos! Como é bom poder ter a geladeira cheia de produtos, ter um carro ou uma moto para o seu transporte, uma casa bem arrumada ou ter um guarda-roupa ou o *closet* dos sonhos, ou mesmo ter a possibilidade de viajar dentro do nosso grande e lindo país ou para o exterior. Uma pesquisa do Sebrae mostrou que os quatro principais sonhos dos brasileiros são:

1. Casa própria
2. Carro
3. Viagens
4. Ter o próprio negócio

Todos os itens demandam dinheiro. Grosso modo, os seus sonhos estão dentre essa lista ou são diferentes? Quero ajudar você a conquistar os seus sonhos por meio da educação financeira, melhorando sempre a sua qualidade de vida.

Você gosta de gastar dinheiro?

Todos os dias surgem novidades de produtos e de serviços que nos facilitam a vida ou que nos proporcionam uma melhor qualidade de vida. Mas, tudo tem um preço. Hodiernamente, temos uma realidade em que não está fácil ganhar dinheiro, ao mesmo tempo em que é muito fácil e rápido gastar o dinheiro que se ganha. Quando gastamos o nosso dinheiro, não tem problema, porque é nosso dinheiro e o dinheiro foi feito para gastar, para investir, para realizar, para proporcionar experiências etc. O grande problema surge quando gastamos o dinheiro dos outros, principalmente usando o crédito com ou sem o pagamento de juros.

Décadas e décadas de inflação impediram culturalmente que os brasileiros enxergassem a necessidade de um planejamento financeiro para viver com a renda que conseguiam gerar. Muitos tiveram grandes problemas com os usos do crédito e das compras parceladas. Agora, e com mais de vinte anos de Plano Real, ainda existem pessoas e famílias que não fazem uma programação dos gastos para alcançar os sonhos.

Jovens que começam no mercado de trabalho muitas vezes já fazem compromissos antes de receber o primeiro salário, e, agindo dessa forma, ao receberem terão a sensação de que o salário é sempre pouco. Quando fiz a minha pesquisa para a validação do meu aplicativo Gerenciador de Sonhos *Fork Dreams* perguntei: você lembra o que fez quando recebeu o primeiro salário? A principal resposta foi "torrei" ou "gastei tudo com bobagens", contudo muitos não perderam esse hábito de "torrar" e isso afeta a sua qualidade de vida.

Um jovem que começa no mercado de trabalho como estagiário ou mesmo como funcionário recebe normalmente um salário mínimo por mês. É muito ou é pouco? Ele não recebia nada, é muito! Qual a primeira compra dele? Um celular de qual valor? Já vi jovens gastarem na primeira compra três meses de seu salário. Compram o celular financiado, a roupa, os tênis e ainda querem ir para a balada. Assim, o valor do salário será pouco, pois estará todo comprometido com prestações. Não há nada de errado em comprar um celular que custe três vezes o seu salário, o que indico é que junte o dinheiro e compre à vista. Assim, o jovem verá que terá que trabalhar três meses sem gastar um centavo para comprar aquele "celular dos sonhos". Algumas vezes a pessoa tem o celular top, mas não tem dinheiro para colocar crédito. Isso é qualidade de vida? Você, meu leitor, não é assim, correto?

Quando entram na universidade, muitos abrem a conta universitária e ganham um cheque especial e um cartão de crédito. Como ter um cheque especial se em alguns casos não há nem renda? Começar a vida financeira pagando juros enormes vai fazer com que essas pessoas venham a ter problemas.

A questão está justamente no círculo vicioso dos gastos. Gastos acima das reais possibilidades financeiras, normalmente acrescidos de juros, oneram muito o orçamento mensal, e, consequentemente, afetam a qualidade de vida das pessoas.

Recebemos de todos os lados a pressão pelo consumismo: na internet o que mais há é propaganda em tudo que você visita. Na televisão, além das propagandas comerciais, temos empresas que compram espaços em novelas e em filmes para apresentar os seus produtos, bem como viagens maravilhosas para todo o mundo e lançamentos da moda a cada instante, sem contar os *shoppings centers* de tudo e os supermercados *gourmet* que todos os dias apresentam novidades com qualidades espetaculares. Mas tudo tem um preço!

Na carteira, carregamos cartões de crédito espetaculares que são praticamente sem limites, internacionais, logo, *black, platinum, gold, ultra, big,* mega: tudo para você gastar. Você é daqueles que diz "estou sem dinheiro", mas compra tudo no cartão? Lembre-se de que o dinheiro será necessário para pagar a fatura.

> O endividamento está exterminando a qualidade de vida das pessoas.

Caros leitores, no meu mestrado estudei "Qualidade de vida e endividamento: estilos de vida associados ao descontrole financeiro e consequências nas vidas pessoal e profissional" e constatei que o endividamento está exterminando a qualidade de vida das pessoas e de muitos negócios.

Muito cuidado com o pagamento de juros. Os juros pagos em dívidas poderiam ser utilizados para a constituição de uma reserva financeira que produz tranquilidade e segurança, tal como poderiam ser o estudo dos filhos, uma viagem, e, principalmente, a sua aposentadoria ou talvez até produtos de última geração, isto é, um celular top, *smart tv* e *smart watch*. Você é daquele tipo que gosta de ajudar as pessoas e não sabe falar não? É melhor dar dinheiro e ajudar as pessoas do que pagar juros caros a bancos. Há muita gente precisando do dinheiro gasto com juros. Nos bancos, existem dívidas boas e dívidas ruins, a minha atenção especial neste momento são com dívidas ruins e juros caros. Nenhum banco obriga você a utilizar os seus limites. É uma questão de escolha e eu tenho certeza de que se não for bem utilizado pode afetar a sua qualidade de vida.

Temos a mania de colocar a culpa no governo, na economia, nos impostos, na empresa que paga mal, no mercado fraco, na esposa ou no marido, nos filhos, nos parentes, mas muitas vezes nos esquecemos de nós mesmos. Constatei ao entrevistar pessoas no meu mestrado que a maioria das pessoas tem dívidas pela inexistência do planejamento financeiro. Algumas vezes, no afã de ter uma qualidade de vida material melhor, a saber, constituída por casa própria, por carro, por viagens e por roupas, as pessoas criam tanto endividamento que depois perdem a qualidade de vida devido à falta de saúde financeira.

O objetivo aqui é motivá-lo a colocar a mão na massa, qual seja, traçar objetivos que motivem-no a fazer uma virada nas finanças, de modo que possa viver melhor e em paz com o seu dinheiro, e, lógico, com uma melhor qualidade de vida. Com hábitos corretos, você pode virar o jogo da sua vida financeira. Tenho muitos clientes e pessoas que leram as edições anteriores deste livro e que mudaram, hoje vivem melhor financeiramente. Depende exclusivamente da forma como você gasta e como cuida de todo dinheiro que passa na sua mão.

> Tudo o que você planta, você colhe!

O que não pode ocorrer é viver com um padrão acima das suas reais possibilidades financeiras. Por favor, não faça isso. Pare de dizer: "eu mereço". Você merece estar com a vida financeira em paz, bem como com o nome limpo. Como está a sua conta no banco? O que é mais importante: o ser humano ou o ter humano? Conhece alguém que quando o celular toca ele diz: "é cobrança, logo, não vou nem atender"... (?) Ou diz: "fala que não estou"... (?)

Nós, brasileiros, não inserimos a importância do planejamento financeiro em nossas vidas. Você conhece aquele ditado: tudo o que você planta, você colhe? Onde você tem plantado o seu dinheiro? O que você quer colher com o seu dinheiro no futuro? Você pensa em se aposentar? Quanto quer ganhar na aposentadoria? Você vai depender apenas do INSS?

Cuidar das finanças é uma necessidade para uma vida plena. Falo de finanças pessoais, e, principalmente, finanças empresariais. Muitos empreendedores perdem negócios não por conta de crises ou por dificuldades do mercado, mas por falta de planejamento financeiro. A empresa que fica negativada todos os meses, a dizer, pode quebrar, tal como pessoas e famílias que têm resultado negativo todos os meses, de igual modo. Nesse ponto, a qualidade de vida é exterminada. A família deve ser gerenciada como uma empresa. Existem diversos setores: marido ou esposa, filhos, casa, carro, *pets*....

Tenho trabalhado em muitos programas de qualidade de vida de grandes empresas. Dessa feita, em todas elas existem orçamentos para todas as áreas, de modo que os seus colaboradores devem cumprir. A bem da verdade, a maioria consegue por meio de ajustes e de planejamentos. Contudo, alguns desses profissionais possuem problemas com orçamentos de casa e isso se dá por falta de foco. Na empresa, eles têm foco. Em casa, não.

A boa administração das finanças pessoais e familiares trará à família uma melhor qualidade na vidas individual e coletiva. Destarte, que todos possam viver em paz com o dinheiro!

> A sua qualidade de vida futura, e, principalmente, a qualidade de vida de seus filhos, está intimamente ligada à forma como você gasta e como administra o seu dinheiro hoje.

2.

REALIDADE DA CULTURA DE EDUCAÇÃO FINANCEIRA

VIVA EM PAZ COM O SEU DINHEIRO

Plano Real

De 1986 a 1994, o Brasil teve sete planos econômicos:

- Plano Cruzado
- Cruzado Novo,
- Plano Bresser
- Plano Verão
- Collor I
- Collor II
- Plano Real

Qual era a moeda? Houve momentos em que não havia moedas valendo na nossa economia. Desde 1994, temos o Plano Real e queria eu poder dizer que após o Plano Real a realidade foi outra e que os preços não aumentaram, assim como que o trabalhador não perdeu o poder de compra de seu salário. Porém, a verdade não é essa.

Os preços dos produtos aumentam sim, mas em uma velocidade que podemos acompanhar melhor. Hoje existe uma "estabilidade financeira". A estabilidade financeira ou estabilidade da moeda não é a estabilidade de preços. Vou provar a você que existe uma estabilidade financeira.

Em minhas palestras e cursos que ministro em todo o país, sempre pergunto se as pessoas costumam ter na carteira uma nota de R$ 100,00 (Cem reais).

Sempre recebo as mais diversas respostas como: não tenho, não existe, não sai no caixa eletrônico, tenho medo de ela ser falsa, tenho medo de ser roubado, e, sobretudo, a minha conta está é no vermelho.

R$ 100,00 é pouco ou muito dinheiro? O que você acha?

Se você acha pouco, passe ele para mim. Vou colocar aqui neste parágrafo o número da minha conta corrente. R$ 100,00 é muito dinheiro! E desde a implantação do Plano Real é assim, mas é lógico que com R$ 100,00, por exemplo, em julho de 1994, (que por sinal foi o mês do meu casamento), você comprava muito mais produtos no supermercado do que compra hoje, mas ainda hoje com uma nota de R$ 100,00, a completar, você faz uma boa compra no supermercado.

E R$ 1,00 é pouco ou muito dinheiro? Qual dinheiro passa mais na sua mão: a moeda de R$ 1,00 ou a notinha de R$ 100,00? Valorize todo real que passa pela sua mão!

Exercício:
Quantos dias de vida você tem?
Se tivesse guardado dentro de um porquinho R$ 1,00 por dia de vida, quanto teria hoje? Isso se você guardar dentro de casa, o que não recomendo. Se colocarmos os juros, o valor será multiplicado.

VIVA EM PAZ COM O SEU DINHEIRO

> Outra pergunta: quanto dinheiro você tem disponível hoje no banco ou no bolso? Talvez sua conta esteja negativada e você esteja vivendo mal com o seu dinheiro.

Você não anda com uma nota de R$ 100,00, mas certamente tem vários cartões de débito e de crédito na carteira. Muitos perdem o controle dos gastos por isso. Se você for ao supermercado com uma nota de R$ 100,00, qual será o seu limite de gastos? E se você for com o cartão de crédito, qual será o seu limite? Talvez seu cartão seja sem limite!

> **Cuidado com as facilidades para gastar dinheiro.**

Cuidado com as facilidades para gastar dinheiro. Cartões proporcionam muita comodidade. Comprar sem pensar muito, sem ver a cor do dinheiro, tem deixado muitas pessoas e famílias sem dormir, perdendo saúde e qualidade de vida.

Isso não vai mudar, ou, se mudar, vai piorar. A compra por celular já é uma realidade e daqui a pouco novas formas de gastos serão criadas por *startups*. Se antes os bancos davam cofrinhos para incentivar a construção de uma reserva financeira, hoje crianças já possuem cartões de crédito, tal como estudantes sem renda possuem, além de cartões de crédito, limites de cheque especial.

Mas depois do Plano Real temos uma noção melhor dos preços. Provavelmente, você sabe os preços de um pacote de cinco quilos de arroz, de um lanche, de um sapato, de uma roupa, de uma televisão, de uma viagem ou do imóvel próprio, que é o principal sonho do brasileiro.

A conclusão é que está muito difícil ganhar dinheiro, bem como muito rápido e fácil gastar o dinheiro que se ganha. Observação importante: se você tem uma forma fácil de ganhar dinheiro, me conte. Envie um e-mail para mim e eu não mostrarei para ninguém. Certa vez em uma palestra, a pessoa falou que quem ganha dinheiro fácil é jogador de futebol, político e traficante. Eu perguntei a ela se era fácil jogar como o Neymar, se era fácil ser vereador, prefeito, deputado, senador, governador ou presidente e se ela como traficante sairia de casa cedo para o trabalho sem saber se vai voltar... (?) Isso é ganhar dinheiro fácil?

No mundo consumista em que vivemos, e isso não vai mudar, é você quem deve se adaptar para viver melhor, pois sempre estão te vendendo alguma coisa. Não tem como. Seu celular é um poderoso instrumento de compra e uma máquina de gastar dinheiro. Cuidado com ele.

Em uma palestra que ministrei para o Sebrae no interior do Rio Grande do Norte, na cidade de Macaíba, uma pessoa me disse que tinha cartão de crédito internacional apenas para comprar roupas e acessórios da China.

Alguns consumidores se tornaram compradores compulsivos mediante as facilidades da internet. Você de pijama e dentro de casa, com um cartão de crédito internacional, pode comprar em qualquer lugar do planeta. Tive uma cliente que tinha dezessete cartões de crédito entre ela e o marido. Eles acordavam todos os dias e faziam uma "engenharia financeira" para vencer cada dia. Isso eu tenho certeza de que não melhora a qualidade de vida de ninguém.

> Quais são os limites de gastos
> de cada pessoa e de cada família?

Qual são os limites de gastos de cada pessoa e de cada família? Hoje temos isso muito claro: é aquele valor que você recebe de salário e os salários recebidos na sua família. Se você é empreendedor ou empresário, deve saber exatamente quanto consegue de retirada pró-labore no seu negócio. Muitos empreendedores e empresários fazem grande confusão com isso. Porém, além desse limite, que é a sua renda, você tem todos os limites de créditos que os bancos fornecem. Ainda encontro nas minhas palestras pelo interior do país pessoas comprando e vendendo fiado. Isso é péssimo para os dois. O fiado para quem compra é ruim, porque quando a pessoa recebe, tem logo que entregar e distribuir todo o dinheiro sem levar nada para a casa.

Para quem vende fiado é pior! Para vender fiado, o empresário tem que ter dinheiro, ele está financiando o cliente e muitos empresários fazem isso e se perdem. Em suma, vendem sem receber e pagam juros no boleto do seu fornecedor. Isso pode quebrar um negócio.

Juros

Quando você extrapola o seu limite de gastos, tudo o que você compra vem acrescido de uma pequena coisa chamada juros. Eu sempre pergunto: você come juros, bebe juros, assiste a juros, viaja juros, dirige juros ou mora em juros? Então, por que pagar juros? Juros são como um cupim, logo, comem o orçamento de muitas pessoas e de muitos negócios. Qual é o benefício de se pagar juros? Seu carro vale mais? Sua viagem foi melhor? Seu televisor é mais bonito?

Alguns analistas mostram que quanto maior o volume de crédito na economia, melhor é para o país. Contudo, no Brasil tivemos por um grande período as maiores taxas de juros do mundo. O dinheiro sai do bolso das pessoas e das famílias e vai para as instituições financeiras. Se tivéssemos taxas de juros mais baixas, como, por exemplo, nos Estados Unidos, talvez seria realmente bom, mas temos que trabalhar muito para chegar ao mesmo nível deles. Não existe renda ou salário que aguente pagar juros de 15% ao mês no rotativo do cartão de crédito.

Você gosta de pagar multa?

Pergunto sempre nas minhas palestras: vocês gostam de pagar multa? A maioria pensa na multa de trânsito e diz não. Contudo, quando você entra no cheque especial ou não paga a sua fatura do cartão de crédito, no total você paga juros tão altos que são como multas.

Promoção: compre um e pague dois.

Já viu isso? Compre um carro em sessenta parcelas sem entrada, portanto, você compra um, paga dois, e, no final de cinco anos, tem meio carro na garagem. As taxas de juros no Brasil vêm caindo. Isso é excelente, mas não é motivo para que as pessoas comprem tudo pagando juros. Mesmo com as reduções, é necessário fazer um planejamento financeiro para fugir de juros altos. Estou aqui para mostrar que isso é possível.

Dica para comprar carro

Se não for possível a compra à vista, dê 50% de entrada e financie os outros 50% em no máximo trinta e seis meses. Algumas pessoas me falaram: assim a prestação fica muito alta. Simples, compre um carro mais barato, pague e depois troque por um mais caro. Oriento a compra em trinta e seis parcelas, pois o brasileiro adora trocar de carro, e, em três anos, ele terá um carro quitado para trocar.

Compras parceladas: você gosta de comprar parcelado? Muito cuidado caso você tenha esse hábito. Quero que você reflita bem sobre esse hábito, uma vez que há algumas sacadas importantes que você deve avaliar para não cair em armadilhas.

Alimentação: alguns supermercados financiam as compras em duas ou três vezes sem juros. Cuidado se você vai comer hoje, pois se pagar em duas ou três vezes pode ter problemas. Alimentação é um item que não deve ser financiado.

Compras normais e compras esporádicas: compras normais são itens do dia a dia, logo, se vai comer hoje, pague hoje. Já vi casos em que a pessoa comprou ovos de páscoa para pagar em cinco parcelas, isto é, no Dia das Crianças ela ainda estava pagando os ovos da páscoa.

Gasolina: igual ao item alimentação. Vai usar hoje, pague hoje. Se começar a jogar a gasolina de hoje para pagar em três parcelas é sinal de que você poderá ter sérios problemas.

Presentes: podem até ser financiados, contudo cuidado para não ter uma fatura de cartão de crédito cheia de parcelas de presentes. No Dia das Mães, em maio, compre em três parcelas para não pagar até o Dia dos Pais, em agosto.

Roupas: você gosta de comprar uma roupa nova

todos os meses? Então, compre roupas somente à vista. Cuidado, algumas lojas financiam em seis ou em oito parcelas. Na última prestação, talvez você nem saiba qual é a roupa ou se ela ainda está sendo usada.

Calçados: quanto tempo dura um tênis para o seu filho ou para a sua corrida? Você pode comprar parcelado de acordo com a durabilidade dele.

Viagens: eu adoro viajar e sempre gosto de pagar as minhas viagens antes de viajar. Assim, quando volto começo a planejar a próxima viagem. Viagens pagas à vista normalmente possuem descontos.

> Compras parceladas podem ser armadilhas no seu orçamento.

Eletrodomésticos: também oriento para que o financiamento ocorra de acordo com a durabilidade. Mas, gosto sempre de lembrar que nesses itens as lojas sempre estão abertas para negociações de pagamentos à vista.

Imóvel: lógico que não é fácil juntar todo o dinheiro para a compra de um imóvel à vista. Recomendo sempre dar o maior valor possível de entrada, utilizando recursos próprios, FGTS e talvez até outros bens que você tenha como imóveis de menor valor e carros. No prazo do financiamento, também faça o esforço para pagar no menor prazo possível, a fim de que você pague menos juros. Imóvel próprio é o principal sonho do brasileiro: isso foi constatado por uma pesquisa do Sebrae e também na usabilidade do meu aplicativo Gerenciador de Sonhos *Fork Dreams*. Uma dica que passo para os mais jovens: compre um lote, mesmo que você não pense em morar naquele bairro ou construir uma casa, porém existe a possibilidade de valorização do lote, e, quando ele tiver quitado, você pode vendê-lo para comprar o outro imóvel.

O grande problema das compras financiadas é você gastar um dinheiro que ainda não tem. Será que você terá esse dinheiro lá na frente? Pessoas que compram muito de modo financiado ou fiado, como já disse aqui, no dia do salário ficam tristes porque só entregam e não têm prazer em gastar o seu dinheiro do mês.

Atenção agora para você que tem renda variável: essas pessoas devem ter um custo mensal mais baixo, por isso não recomendo parcelamentos, já que você não tem certeza da sua renda no próximo mês.

Certa vez, fui interrompido em uma palestra quando um senhor disse assim: Erasmo, pobre só pode comprar financiado, porque tem pouco dinheiro. Eu disse a ele que isso é a maior mentira que colocam na cabeça das pessoas que têm uma renda menor. Se a pessoa tem a disciplina de pagar a prestação (e a maioria tem), então basta ter disciplina para juntar o valor por mês para poder comprar à vista e talvez com desconto. A questão principal é o tempo em que a pessoa deve esperar para juntar e comprar à vista. No mundo imediatista, pessoas querem levar para casa tudo na hora. Eu gravei uma série de vídeos e disponibilizei no meu canal do *Youtube* com o seguinte tema: "como viver melhor com um salário mínimo". O principal segredo é valorizar mais o dinheiro e comprar sempre à vista.

> Compre mais à vista.

Na minha palestra "vendedor motivado é vendedor com dinheiro no bolso", falo muito sobre isso. Se você não sabe quando vai receber, não gaste o seu dinheiro por antecipação, e, se possível, tenha uma reserva financeira para "financiar" a sua compra. Assim, você compra à vista na loja e se compromete a devolver mensalmente uma parcela para a sua reserva financeira.

3

O QUE É QUALIDADE DE VIDA

Muito se fala em qualidade de vida. O que é necessário para obter uma boa qualidade de vida? Muita saúde, alegria e dinheiro? Ao longo de dezessete anos de trabalho conversando com pessoas e com famílias, descobri que a maioria das pessoas não quer ficar milionária. A maioria das pessoas busca melhorar a sua qualidade de vida e a de sua família. Esse foi o motivo pelo qual resolvi estudar mais sobre o assunto. No meu mestrado, o tema da minha dissertação foi "Qualidade de vida e endividamento: estilos de vida associados ao descontrole financeiro e consequências nas vidas pessoal e profissional".

Vou incluir nesta edição a conclusão da minha dissertação de mestrado defendida na Universidade FUMEC, em Belo Horizonte, em março de 2013:

Esta pesquisa foi desenvolvida com indivíduos variando de 25 a 63 anos. A renda média mensal deles era é de R$ 5.400,00. Oito sujeitos enfrentavam, à época da investigação, problemas de endividamento; alguns já enfrentaram difíceis situações de endividamento, levando em conta a realidade atual. Apenas em um caso específico o entrevistado não estava mais endividado. Contudo, ele se prontificou a participar desse estudo para relatar o que ele e sua família haviam passado quanto às restrições de crédito por descontrole no uso do cartão de crédito.

Cumpre ressaltar aqui que esse mesmo entrevistado já é aposentado. E quanto à qualidade de vida no trabalho, de acordo com dados coletados durante a entrevista, e pelo questionário do Walton, ele está situado na faixa neutra. O que mais marcou nessa entrevista foi a situação financeira desse sujeito da aposentadoria. Vanderlei, que era o seu nome, era gerente de uma loja e recebia o salário mais comissões sobre as vendas. O valor correspondente às comissões era bem superior ao do salário. Mas o valor do salário registrado na carteira de trabalho era a referência para o recolhimento da contribuição ao INSS.

> Vanderlei se aposentou recebendo 25% do valor que recebia normalmente.

Vanderlei se aposentou recebendo 25% do valor que recebia normalmente, somando o salário e as comissões. Aliás, uma realidade de muitos brasileiros que não se preparam para uma aposentadoria financeira: que supram as suas necessidades. Nesse período da vida, são esperados tranquilidade e prazer após uma vida inteira de trabalho, e não dificuldades financeiras.

Quanto aos outros casos estudados, houve casos de renda mensal de R$ 900,00, servidores com renda de R$ 11.000,00 e empresários com até R$ 15.000,00. Todos eles, independentemente da renda, estavam endividados. Isso nos mostra que a renda mensal não interfere na oferta de crédito que existe no mercado, possibilitando a qualquer pessoa o endividamento.

A propósito, não se pode vincular o endividamento a um segmento somente tendo empresários, servidores, funcionários da iniciativa privada e aposentados. Representantes de todas essas categorias profissionais foram contemplados na pesquisa e todos apresentaram situações de endividamento por descontrole mensal ou por falta de planejamento financeiro.

Em nenhum dos casos o endividamento foi causado por um fato isolado, por exemplo, doença, catástrofe, falência etc. Dentre eles, o endividamento foi causado pelo descontrole mensal dos gastos. O que se notou foi um gasto superior ao salário ou à renda todos os meses, com itens corriqueiros como alimentação desejada, vestuário e viagens. Quando não há controle mensal, esses pequenos gastos podem ser acumulados, ocasionando com isso grandes problemas no orçamento.

> Pequenos gastos podem gerar grandes problemas no orçamento.

Para a análise dessa questão, recorreu-se a Bourdieu (1979), para com a biografia individual, aquilo que se herda e aquilo que se aprende constituem modos específicos de relação entre o sujeito e a ordem objetiva do mundo. Isso significa dizer que a experiência de vida é acumulada e sedimentada no próprio corpo do indivíduo. Ela está presente em suas práticas, em suas escolhas e em disposições diante de vários domínios de atividade, o que inclui preferências alimentares, favoritismos esportivos, predileções musicais, prioridades políticas etc. E as práticas do indivíduo refletem o lugar que ele ocupa na sociedade, pois suas escolhas e disposições indicam as categorias sociais de percepção, de visão de mundo e de atitudes próprias de sua posição social.

Adverte-se, porém, que o ato de consumir em si não é incorreto. O grande problema é o endividamento causado pelo consumo de bens e de serviços em níveis que comprometam a renda ou a superem. Todos os entrevistados tiveram sérias dificuldades financeiras com os bancos devido aos juros cobrados por essas instituições. Portanto, os pequenos gastos acima do orçamento são corrigidos por juros, que por sua vez fazem com que a dívida cresça.

Na opinião de Marques e Cavallazzi (2006), uma dívida pode tornar-se crônica, passando a ser denominada como endividamento caracterizado pela impossibilidade global de o devedor, pessoa física, consumidor, leigo e de boa-fé pagar todas as suas dívidas atuais e futuras de consumo (excluídas as dívidas com o Fisco, oriundas de delitos e de alimentos). Esse estado são fenômenos social e jurídico que necessitam de algum tipo de saída ou de solução pelo direito do consumidor (omissis). (MARQUES e CAVALLAZZI, 2006, p. 98)

Essas são as consequências do consumo sem planejamento e em desacordo com as possibilidades financeiras. Mas, conforme dito, consumir é importante para a própria sobrevivência do sistema econômico em que vivemos.

Por outro lado, de acordo com a psicanalista Márcia Tolotti (2007), os motivos do endividamento causado pelo consumismo têm um componente psicológico. A lógica do consumo é composta por duas vertentes inseparáveis: de um lado, o aspecto financeiro, que é objetivo e consciente; e de outro, o aspecto afetivo, que é subjetivo, e, geralmente, inconsciente. Assim, a motivação que leva um endividado a contrair constantemente dívidas é tanto consciente quanto inconsciente; é possível pressupor que não é apenas por falta de educação financeira que isso acontece, mas por algum impedimento psíquico.

Finalizando, é importante reconhecer que não foi possível vincular o endividamento a um estilo de vida específico, diagnosticado pela escala VALS II. Também não se verificou o endividamento vinculado à satisfação ou à insatisfação com relação à qualidade de vida no trabalho; esse, logo, segundo o questionário do Walton, em perguntas complementares ao questionário de Qualidade de Vida no Trabalho (QVT), quando foi solicitado que fossem relatados problemas causados pelo endividamento no trabalho. Tudo leva a crer que a qualidade de vida no trabalho é prejudicada, principalmente no que se refere aos inter-relacionamentos e à própria concentração e à motivação para o trabalho.

Neste ponto, vale lembrar de alguns desabafos relacionados à falta de motivação para o trabalho: recebo o meu salário e no mesmo dia ele já acabou (Rosemary); recebo o meu salário e sei que não conseguirei honrar todos os meus compromissos (Mário); se retirar algum dinheiro para levar para casa, sei que vai faltar na empresa (Everaldo); trabalho, trabalho, trabalho e não vejo frutos do meu trabalho (Ricardo).

> Recebo o meu salário
> e no mesmo dia ele já acabou.

Também dois entrevistados expressaram nervosismo e ansiedade que prejudicavam o trabalho: quero fechar o negócio e pegar os cheques de qualquer jeito para descontar (Mateus); fico olhando para a minha planilha e coçando a cabeça. Minha chefe viu e fui repreendida (Carla).

As entrevistas serviram ainda para o extravasamento de problemas de relacionamento: não aguento olhar para a minha colega com vergonha por ela ser minha fiadora (Mariana); minha esposa me cobrava uma posição sobre as dívidas e ficava sem conversar comigo (Vanderlei).

Depreende-se de tudo isso que a QVT era afetada pelo endividamento, podendo ser medida em estudos complementares e específicos dentro das empresas.

Diante desses resultados, sugere-se que as empresas promovam ações voltadas a ajudar os portadores de problemas de endividamento. Além disso, que procurem conscientizá-los acerca do quanto o endividamento, principalmente o crônico, denominado superendividamento, prejudica o indivíduo que consome sem nenhum controle financeiro.

Programas desse tipo deveriam ser constantes dentro das empresas, da mesma forma que programas antitabagismo e antidependência química. O assunto em pauta pode, por exemplo, ser trabalhado dentro da Semana Interna de Prevenção contra Acidentes no Trabalho (SIPAT´s), com o tema saúde financeira. Feitos esses esforços, as empresas poderão vir a ter, como retorno, uma redução dos níveis de desmotivação no trabalho, de acidentes e de erros devido à falta de concentração. Concomitantemente, isso aumentaria a motivação. Desse modo, o salário passaria a ter um maior valor para os funcionários e seria menos corroído pelas dívidas e pelos juros deles decorrentes. Quanto aos problemas de relacionamento no trabalho, como os relatados nessa pesquisa, também poderão ser evitados com programas sistemáticos de educação financeira na empresa.

Paralelamente, o governo também poderá incentivar a implementação da educação financeira dentro das escolas para ensinar as crianças o uso consciente do crédito e as vantagens e as desvantagens do endividamento.

Em última análise, esse estudo mostrou que outras dimensões do tema aqui trabalhadas devem ser exploradas, como, por exemplo, com o uso de instrumento de diagnóstico de qualidade de vida no trabalho, adaptado para englobar os problemas de endividamento, já que esse ponto foi uma lacuna encontrada na literatura sobre essa questão.

Fico muito feliz em incluir essa conclusão da minha dissertação nesta edição, porque várias medidas sugeridas foram implementadas por governo, por entidades e por empresas. Dentre tais, o Banco Central tem um excelente programa de educação financeira, o Sebrae desenvolve diversos programas de orientação para o crédito e para a educação financeira, empresas têm muitos programas de educação financeira e de preparação financeira para a aposentadoria e eu mesmo trabalho em vários eventos para o Sebrae e para as empresas em todos os estados do Brasil com o tema educação financeira, finanças para uma vida melhor e preparação financeira para a aposentadoria.

Qualidade de vida como um somatório de "saúdes".

Eu enxergo a qualidade de vida como um somatório de "saúdes". Não quero dizer que é uma regra e que são somente essas, mas eu trabalho com seis tipos de saúde.

Saúde física

Corpo sem problemas quer dizer menor gasto financeiro de manutenção. A prevenção sempre é a melhor opção. Tanto o médico como o dentista devem ser visitados regularmente para haver uma boa prevenção. Além disso, temos diversos outros profissionais que orientam para uma excelente saúde física. Isso sai muito mais barato do que a solução de problemas depois de já detectadas as complicações na saúde. Dados que me assustam muito foram divulgados pelo ministério da Saúde na Pesquisa de Vigilância de Fatores de Risco e Proteção para Doenças Crônicas por Inquérito Telefônico (Vigitel), em 2016, que mostraram que mais da metade dos brasileiros está acima do peso, sendo um obeso em cada dez. Comer é um hábito que se repete várias vezes no mesmo dia, o que significa gastar dinheiro. Se comer errado significa gastar errado com um item básico, isso pode fazer um grande estrago nos orçamentos pessoal e familiar. Comer bem não é comer muito.

Saúde mental

O que você coloca na cabeça todos os dias? Você comanda os seus pensamentos, portanto, quando estiver pensando em coisas ruins, viajando mesmo na maionese, pare com isso! Mude os seus pensamentos e comece a imaginar coisas boas.

Existem pessoas que acordam pela manhã ouvindo rádio com notícias de crimes na madrugada, saem de casa e compram o jornal mais barato que pinga sangue, conversam durante o dia somente sobre crises, catástrofes e atentados e chegam às suas casas para descansar e assistir a novelas cheias de maldades, sem contar que o filme do dia é o *Wolverine*. Assista, leia e ouça coisas melhores para a sua mente.

Isso não é fácil, pois coisa ruim aparece na nossa

mente a todo momento, mas podemos ir praticando e mudando o pensamento para coisas positivas.

> Que o problema de hoje seja um degrau para dar impulso ao seu crescimento.

Exemplo: se tiver pensando em dívidas e em compromissos que têm que pagar, mude o pensamento para "o que posso fazer para ganhar mais ou negociar o pagamento de compromissos". Busque formas de mudanças. Que o problema de hoje seja um degrau para dar impulso ao seu crescimento.

Saúde emocional

Como está o seu relacionamento com esposa ou marido, mãe, pai, namorada ou namorado, irmãos, parentes, amigos e colegas? Há gente que não se relaciona nem com o cachorro que possui.

Existem pessoas que, não sabendo perdoar e ficar mais leves nos pensamentos, levam por toda a vida um problema ou uma mágoa guardada e todos os dias ficam se lamentando por aquilo.

Por mais difícil que seja, será bom você aliviar a sua saúde emocional. Procure sarar as suas feridas. Isso é bíblico. No livro de Mateus 6:14 está escrito:

> "Pois se perdoarem as ofensas uns dos outros, o Pai celestial também lhes perdoará." Mt 6:14

Vou contar alguns casos de atendimentos em que os problemas emocionais afetaram a vida financeira.

Caso 1 – Namorado que não contava para a namorada que ele tinha muito dinheiro com medo de ela ficar com ele somente por interesse na grana. Já estavam noivos e ele ainda não tinha confiança nela. Orientação: cuidado ao começar um relacionamento baseado na mentira.

Caso 2 – "Quem casa, quer casa". Um casal, animado para o casamento, comprou um apartamento na planta, dividiu a entrada e as prestações, até que chegou o dia em que não tinha dinheiro para pagar as intermediárias. A solução foi pegar um empréstimo consignado em nome da namorada para honrar o compromisso com a construtora. Meses depois, o namoro acabou. Os dois conseguiram devolver o imóvel para a construtora, contudo não receberam tudo o que pagaram, então, como não deu para liquidar todo o empréstimo, o problema ficou para a namorada que tinha o empréstimo consignado. Orientação: cuidado ao assumir compromissos financeiros em longo prazo.

Caso 3 – Namorada, que, para ajudar o namorado, fez um financiamento e comprou uma moto a fim de que ele trabalhasse. O namoro acabou e o namorado não devolveu a moto, pois foi comprada à vista e em nome dele. Orientação: cuidado ao misturar a vida emocional com a vida financeira no início do relacionamento.

Caso 4 – Casais que escondem a vida financeira um do outro são casos muito frequentes. Eles compartilham o mesmo lençol, mas o dinheiro é todo separado. Marido investidor e mulher quebrada. Mulher com dinheiro e marido atolado em cheque especial e em cartão. Marido que só contou para a esposa a situação do endividamento na minha frente, imagine a situação do Erasmo nessa hora. Mulheres que abriram a sua vida financeira para o consultor, mas em casa ninguém sabia de nada. Orientação: para com finanças do casal, "quanto mais separadas, pior". A chance de ter problemas é grande. Não existe 50% do filho ou 50% da luz, ou mesmo um percentual de acordo com a renda. Cada um pode até ter o seu orçamento separado, desde que as finanças estejam organizadas.

Caso 5 – Um dos piores problemas emocionais que causam grande estrago nas finanças tem o nome de separação ou divórcio. Erros: querer manter o padrão da renda conjunta, querer compensar os filhos por conta da separação, querer comprar os filhos e querer mostrar para o outro que está bem na fita agora. Orientação: faça as contas e veja se realmente vale a pena, pois já acompanhei casos que financeiramente não valiam.

Esses são apenas alguns casos de milhares que acompanhei ao longo de anos atendendo a famílias com problemas e desafios financeiros.

Saúde profissional

Onde você trabalha é legal? Há boas perspectivas? Estar empregado também é ter saúde profissional.

Você está preparado profissionalmente para procurar emprego ou para a troca do atual? Você está preparado financeiramente para essa situação?

O mercado hoje exige cada dia mais do profissional. Mais qualificação, mais experiência e mais comprometimento. Porém, isso não é tudo na hora de se preparar para buscar uma nova colocação no mercado. Todos os profissionais de Recursos Humanos orientam para que a pessoa faça essa transição tranquilamente, planejando todos os detalhes e analisando todas as possibilidades, isto é, presentes e futuras.

> Planejamento financeiro interfere na saúde profissional.

Existe um lado que não pode ser deixado de fora do planejamento: é o planejamento das finanças pessoais e familiares. Não estou falando da parte financeira depois da recolocação, mas sim antes da mudança. No momento da busca de nova oportunidade no mercado, as vidas financeiras pessoal e familiar devem estar muito bem planejadas, para que isso não seja um fator de descontrole na hora de ser tomada uma decisão de mudança.

Um excelente currículo é muito importante, porém as instituições particulares de ensino não cobram barato. A manutenção da aparência também tem um custo alto, principalmente para as mulheres que precisam estar bem vestidas. O *networking* é uma das principais formas de entrada ou de recolocação no mercado, porém, até ele tem um custo, pois é necessária a participação em cursos, em seminários, em congressos e em encontros profissionais, sem contar os encontros informais nas "*happy hours*". Vai pagar uma empresa de recolocação, quanto custa?

Após uma palestra minha em um programa de "qualidade de vida" em uma empresa no estado do Pará, uma profissional me procurou com a seguinte demanda: "estou preocupada com a minha estabilidade no emprego neste mundo global e com a situação econômica do país. Por isso estou buscando uma melhor qualificação, isto é, estou fazendo pós-graduação, curso de inglês e curso de espanhol. Por esses procedimentos, estou no cheque especial há mais de seis meses. O que você acha da minha situação?".

Bem, quanto à preocupação dela de ser tornar mais qualificada para o mercado de trabalho, está totalmente correta, é uma decisão importante, já que ela está com 28 anos. Mas, ao mesmo tempo, ela está há seis meses pagando juros de mais de 10% ao mês no cheque especial.

Ela estava preocupada com a situação de perda do emprego e do impacto negativo nas finanças, porém usar o cheque especial é o mesmo que pagar multa e jogar dinheiro fora, como já escrevi aqui. Financeiramente, a decisão de pagar os cursos usando o cheque especial não está correta. Se ela perder o emprego, a rescisão, que poderia ser o porto seguro para viver por um tempo, deverá ser usada para cobrir o cheque especial. Assim, a sua reserva para o desemprego será consumida por erros que ela está cometendo agora. Orientação: ela tem duas alternativas, isto é, pegar um empréstimo para liquidar o cheque especial e cobrir o negativo do orçamento nos próximos meses até um dos cursos terminar ou abrir mão de um dos cursos neste momento para que sobre no orçamento e que ela consiga sair do cheque especial.

Por que não fazer uma reserva estratégica, pensando em um eventual desemprego? Certamente, a pessoa terá muito mais tranquilidade para buscar a sua recolocação, caso tenha uma reserva de três a seis salários!

Dois outros casos me chamaram a atenção. Uma grande empresa estava contratando um executivo para o controle geral. Um dos requisitos passados aos *headhunters* foi o de que o candidato estivesse com as finanças pessoais em dia, e, principalmente, com o nome limpo no mercado (Investigar isso é até proibido). O questionamento do proprietário da empresa era: como entregar a gerência de uma empresa a alguém que não sabe administrar financeiramente a sua vida, apesar de todos os problemas que o país enfrenta? Ficar desempregado não deve ser motivo para endividamento. Neste momento o planejamento financeiro é ainda mais necessário.

No outro caso, o profissional, após dois anos desempregado, conseguiu um emprego em uma multinacional. Após rigoroso processo, ele entregou os documentos e já tinha reuniões marcadas. Foi solicitado a ele a abertura de uma conta em um banco para o recebimento de salários, contudo o gerente viu que ele tinha restrições e passou a informação à empresa. A admissão foi cancelada, ou seja, pode reclamar e até entrar na justiça, mas é norma da empresa para quem é responsável por trabalhar com controle de recursos financeiros.

Concordo que estudantes que ainda não entraram no mercado de trabalho estão normalmente muito "duros", ou seja, não sobra e às vezes falta. O que não pode é o estudante abrir uma conta ainda na faculdade e estourar os limites de crédito já no início da vida financeira. Faço muitas palestras em universidades e sempre chamo a atenção para esse detalhe. Gosto de falar principalmente para os administradores. Quem não consegue administrar a sua vida, conseguirá administrar uma empresa?

> Descontrole financeiro
> é uma das principais causas de absenteísmo.

Comprovei no meu mestrado que o descontrole financeiro é uma das principais causas de absenteísmo, de problemas de relacionamento dentro da empresa e dentro de casa, de acidentes de trabalho, e, consequentemente, de perda na produtividade. Isso vem ressaltar o quanto é importante administrar as finanças. Algumas empresas implantaram programas de educação financeira, pois os estudos comprovam isso. Eu mesmo trabalho em diversos programas ou em SIPAT´s com o tema saúde financeira. Em 2003, desenvolvi o conteúdo do projeto gestão do orçamento dos correios, material por sua vez distribuído para 98.000 funcionários. Acompanho inclusive alguns casos especiais de funcionários-chave dentro de empresas que pedem demissão para quitar dívidas, qual seja, as empresas pagam o acompanhamento, pois se tratam de funcionários diferenciados, de modo que faço atendimentos presenciais e atendimentos *on-line*.

E você que é aposentado ou dona de casa, sua saúde profissional como está? Não há nenhum problema nessas funções. Aposentado é obrigado a ter um bom controle, pois na aposentadoria não é hora para ter dívidas.

E a dona de casa é a gestora da casa. Em suma, normalmente é a responsável pelo controle das finanças, embora nunca tenha recebido orientação de como gerir as finanças de uma casa. Portanto, cuide da sua saúde profissional sempre.

Saúde espiritual

Há pessoas que têm tudo, mas estão com uma tremenda falta de Deus. Muitas pessoas procuram por Deus justamente na hora do aperto financeiro. Eu creio e tenho certeza de que Deus ajuda muito, mas temos que fazer a nossa parte também. Vejo pessoas que quando abrem a fatura do cartão de crédito dizem: Jesus! Eu pergunto: quanto Jesus gastou? Na hora de gastar não lembra de Jesus, mas na hora de pagar ele vem à tona. Temos de buscar soluções para os problemas, buscar novas formas de aumento de renda (como outra atividade) ou um emprego novo, e, principalmente, parar de gastar dinheiro errado. A bíblia ensina muito sobre o dinheiro e quero colocar aqui um ponto que fala sobre plantar e colher. Em Gálatas 6:7 está escrito:

> "De Deus não se zomba, pois aquilo que o homem semear, isso também ceifará." Gl 6:7

Um relacionamento com Deus é necessário para uma excelente qualidade de vida.

Saúde financeira

Como está o seu bolso? O objetivo deste livro é melhorar a sua saúde financeira e a de todos ao seu redor.

Você concorda que há um conjunto de saúdes para compor uma excelente qualidade de vida? Você pode estar bem física e mentalmente, porém com problemas no seu trabalho ou no seu empreendimento. Você pode estar bem física, mental, emocional e espiritualmente, porém o seu negócio vai mal ou você passa por um momento de desemprego. Você pode estar bem em tudo, mas não sai do cheque especial. Você pode até não estar devendo, mas também não consegue realizar os seus sonhos.

Normalmente, quando uma saúde não está boa, automaticamente outras começam a ser prejudicadas. Mas o meu objetivo é melhorar as suas saúdes financeiras pessoal e familiar, de forma que elas sejam o seu ponto forte. Problemas de saúde, emocional e profissional podem até surgir, mas o seu bolso está tranquilo e preparado para qualquer situação.

4

MINHA HISTÓRIA

Quero pedir licença e contar um pouco da minha história. Sou o mais novo de uma família de cinco irmãos. Nasci em Santa Bárbara – MG, cidade situada a doze quilômetros de Barão de Cocais, onde todos os meus irmãos nasceram. Eu fui o único que nasci no hospital, pois todos os meus irmãos nasceram em casa. Como o hospital de Barão de Cocais estava fechado para reformas, fui nascer em Santa Bárbara.

Com nove anos, mudamos para Belo Horizonte, e, aos 18 anos, consegui o meu primeiro emprego e trabalhava como *office boy* na Elmo Calçados. Em suma, trabalhava andando o dia inteiro e tentava fazer tudo a pé para economizar os vales que recebia para o transporte, e, assim, melhorar a minha renda. Foi recebendo um salário mínimo que consegui pagar o meu cursinho de pré-vestibular. Antes de passar no vestibular, consegui entrar no Banco Nacional, um tanto famoso à época, uma vez que patrocinava o Ayrton Senna. Sem mais delongas, eu trabalhava na carteira de câmbio e a minha primeira função foi vender *travelers checks* (cheques de viagem). Mais tarde, trabalhei no setor de importação, e, por último, como chefe do setor de exportação.

Em 1990, ingressei no Banco Sumitomo brasileiro, um banco japonês do qual eu nunca tinha ouvido falar, mas que era o maior banco do mundo em ativos. Foram dez anos de muito aprendizado com os japoneses e comecei a carteira de câmbio com zero de ativos, bem como cheguei a controlar 60 milhões de dólares. Fechava operações com os clientes em um telefone e na outra linha estava o Sumitomo Bank, em New York. Era sensacional!

Contudo, em 1998 houve uma crise de *subprime* no Japão, isto é, à semelhança para com a crise que teve nos Estados Unidos em 2008, o Sumitomo Bank foi muito atingido e o Banco Central japonês disse assim: concentre todas as suas atividades no Japão que assim eu te ajudo. Após esse momento, as linhas de crédito que pegavam em New York para emprestar aos clientes aqui no Brasil ficaram mais escassas.

Enxerguei que a situação não estava boa e tive que me mover. Nesse período, ocorreram alguns acontecimentos na minha vida pessoal. Em síntese, comecei a namorar, e, como diz o ditado: "Quem casa, quer casa". Em 1993, eu e a Mônica compramos um apartamento financiado em quinze anos. Em 1994, casamos em julho no dia do jogo Brasil X Holanda; partida, logo, que o Brasil ganhou por 3 x 2. Na final, estava em lua de mel em Natal – RN. Após juntar as rendas, resolvemos trocar o nosso Chevette. Compramos um Uno zero, e, com apenas um ano e meio de uso, trocamos por um Palio completo que era o lançamento da Fiat. O Palio já foi financiado. A Mônica ficou grávida e a Thaís nasceu em janeiro de 1998, logo, tivemos que comprar outro carro financiado, pois a Mônica tinha que trabalhar.

Como a situação no Sumitomo não estava boa, resolvi estudar. O Geraldo, colega de Sumitomo, me chamou para fazer uma pós em finanças na Fundação Getulio Vargas.

Neste momento, fiquei muito interessado e lia muito sobre tudo. Descobri que nos Estados Unidos existia a figura do *personal financial planning*, um *personal* do bolso. Achei muito interessante e descobri que no Brasil uma empresa de São Paulo desenvolveu um treinamento para formar orientadores de finanças pessoais. Pensei: vou estudar, abrir um escritório e ficar rico, porque não faltam pessoas com problemas financeiros no Brasil. Falei com o Geraldo que iria fazer esse curso em São Paulo e o preço era praticamente o mesmo do da pós na FGV.

O curso foi excelente, ia para São Paulo aos fins de semana para estudar, e, neste momento, enxerguei que a minha vida financeira não estava muito legal. Um apartamento financiado, dois carros financiados e uma filha de um ano de idade comprometiam toda a nossa renda. O orçamento estava no limite e nada poderia acontecer, porém aconteceu.

O Banco Sumitomo resolveu encerrar as atividades em Belo Horizonte e eu perdi o meu emprego com todos os compromissos que tinha. O meu primeiro cliente de consultoria financeira fui eu mesmo. Assentei com a Mônica e começamos a priorizar: apartamento ou carro? O que podia ser enxugado? Priorizamos o apartamento e vendemos os dois carros financiados. Comprei um Uno Mille Eletronic cinza, duas portas, chamado "pé-duro"(o mais simples que existia à época). Certo dia, estava parado no sinal de trânsito, em Belo Horizonte, e um amigo passou na frente do meu Uno. Buzinei para ele, porém, nem buzinar o Uno buzinava. Você pode estar sorrindo, mas eu chorei. E fiz um compromisso de nunca mais comprar um carro financiado na minha vida.

Passei a praticar bons princípios de educação financeira e começou a dar muito certo, de modo que com menos dinheiro comecei a viver melhor, pois não tinha tantos compromissos. Como focamos na liquidação do apartamento, todo dinheiro que sobrava no orçamento começamos a antecipar as últimas parcelas. Assim, conseguimos antecipar a liquidação do apartamento em cinco anos. Depois que liquidamos o apartamento, conseguimos trocar e melhorar de carro, tal como fazer viagens; algo, claro, que adoramos.

> Dinheiro foi feito para gastar e realizar sonhos.

O que deu certo comigo, ensinei aos meus clientes e começou a dar certo para eles também. Sempre mostrei que o dinheiro foi feito para gastar e para realizar sonhos. Via que muito clientes sabiam fazer dinheiro em suas profissões, porém não gastavam bem o dinheiro que ganhavam e ficavam frustrados por não conseguirem realizar os seus sonhos.

Foi neste momento que escrevi este livro *Viva em paz com seu dinheiro*. A maioria dos meus clientes não queria ficar milionária e com grande patrimônio. A maioria queria era viver em paz com o dinheiro. Por esse nome e por esse conceito, vendi mais de 5000 livros em minhas palestras por todo o Brasil.

Por ensinar a gastar melhor o dinheiro, a mídia disse que eu era diferente. A maioria dos consultores financeiros ensina a poupar e a guardar, e eu ensinava a gastar. Comecei a aparecer na mídia mineira e depois me tornei referência em finanças e em educação financeira na mídia nacional. Já participei de várias entrevistas para o Jornal Nacional, para o Jornal Hoje, para o Bom Dia Brasil, a reforçar, todos da Globo, sem contar os programas da Band, da Record e da Redetv. Colaboro com jornais como a Folha, o Estadão, o Estado de Minas, o Zero Hora e A Tarde; Revistas Veja e Você SA, assim como já participei da capa do UOL com uma fala sobre a utilização do cartão de crédito.

O meu trabalho como palestrante também ultrapassou as fronteiras de Minas Gerais, dado que já trabalhei em quase todos os estados do Brasil para as grandes empresas, como, por exemplo, Vale, Petrobras, Bayer, Souza Cruz, Sicoob, AngloGold, Correios e diversos órgãos de governos municipais, estaduais e federais com palestras e cursos de educação financeira. Sou palestrante do Sebrae Nacional e em diversos estados.

Nenhum dos meus irmãos fez um curso superior. Eu fiz porque paguei com o meu dinheiro, haja vista que o meu pai não teve condições de ajudar. Depois que me formei, busquei estudar sempre. Voltei para fazer outra graduação em comércio exterior, mas desisti, preferi investir na formação de orientador de finanças pessoais. Depois, fiz o meu mestrado, especificamente em 2011. Quando assinei o meu contrato do mestrado quase enfartei, em vista que foram vinte e quatro parcelas de R$1.459,00, qual seja, mais de R$ 35.000. Um carro ou o mestrado?

Fui duas vezes aos Estados Unidos para fazer cursos de *coaching* e liderança na Florida Christian University, em 2013, e na Anderson University, em 2014. Em 2016, investi em um curso com T Harv Eker, autor do livro "O segredo da mente milionária". Fiz o "*quantum lip*", ou seja, uma série excelente de seis treinamentos durante todo o ano de 2016. Em 2017, comecei a estudar sobre *startup*. Investi no desenvolvimento do meu aplicativo gerenciador de sonhos *Fork Dreams* e já participei de dois processos de pré-aceleração, o GoMinas do Sebrae e o InovAtiva Brasil. Busco conhecimento sempre para melhorar as minhas palestras, os meus treinamentos, as minhas consultorias, e, agora, o conteúdo de educação financeira do meu aplicativo.

Viver bem com o dinheiro tornou-se possível para mim e para muitos clientes e participantes das minhas apresentações. Agora, quero que você viva em paz e melhor com o seu dinheiro.

Consumismo e *status*

É de reconhecimento geral o esforço das pessoas em se prepararem para as mudanças do mundo globalizado e para os problemas e desafios do ritmo de vida atual.

Essa postura ativa e preventiva propicia uma maior integração no mercado global, oferecendo às pessoas um melhor planejamento de vida, e, por conseguinte, uma melhor qualidade de vida.

Hoje estamos assustados e desorientados com os atuais cenários econômico e tecnológico. Estamos vivenciando uma nova e dura realidade pela qual nunca fomos preparados. A falta de educação financeira e de bons hábitos na administração de nossas finanças estão pondo em risco as nossas qualidades de vida presente e futura.

O mau planejamento financeiro ou a sua falta compromete não só a sua qualidade de vida, mas também a dos seus filhos. O dinheiro usado errado para o pagamento de juros e de multas, por exemplo, poderia estar sendo aplicado, a fim de constituir uma reserva financeira para a faculdade dos filhos, para o seu próprio futuro ou ainda poderia ser doado a uma instituição ou ter ajudado outras pessoas.

A forma como você administra o orçamento hoje, com certeza influenciará o seu orçamento na aposentadoria e também na forma como os seus filhos irão controlar o orçamento deles no futuro.

A realidade é essa e não vai mudar. Frei Betto diz que a religião que mais cresce no mundo é o consumismo. O número de fiéis é cada dia maior. Os fiéis estão cada dia mais novos. E onde é o templo do consumismo? Em geral, num lugar suntuoso, confortável, bonito, onde você encontra tudo aquilo que viu na TV ou na internet, isto é, o *shopping center*. Onde os pais levam os filhos para passear? Onde os supermercados que têm de tudo e as drogarias que são iguais a um supermercado estão?

> A religião que mais cresce no mundo é o consumismo. (Frei Betto)

Muitos consultores dizem que vocês devem evitar tudo isso. Eu, não. Afinal, como evitar uma coisa que é boa e agradável? A questão é você estar preparado para ir a esses lugares. Se há dinheiro na conta e há disponibilidade no orçamento para ir e aproveitar, tudo bem. O que não pode ocorrer é você ir a esses locais, onde tudo foi planejado para te vender, sem preparações psicológica e financeira.

O *marketing* é tão forte que faz com que as pessoas cheguem à loja para comprar uma calça jeans novinha, mas rasgada. Isto mesmo: rasgada. Em alguns lançamentos de produtos, filas são formadas na porta para a compra do celular de última geração ou de uma bolsa que tem o preço de um carro. É moda, é *fashion*, mas tudo tem um preço. Qual é o custo-benefício? O que você ganha com isso? Está dentro do seu orçamento?

Eu adoro passear pelo *shopping*, mas é bom tomar cuidado, como já disse. Certa vez, olhando para uma vitrine, me deparei com uma publicidade muito inteligente, era um sinal de trânsito bem grande escrito: vermelho/pare, amarelo/veja a liquidação e vermelho/siga o coração. Achei sensacional, principalmente porque a loja era de sapatos para mulheres e estava lotada. Muito cuidado com o hábito de apenas "passear" por locais como o *shopping*. Cuidado com as amigas que chamam você para apenas "olhar" uma roupa na loja.

Se você não consegue controlar o pedacinho de plástico que você tem na carteira chamado cartão de crédito, vá e leve apenas o dinheiro que você tem e que pode gastar naquele passeio. Assim, você terá um limite de gasto!

> Ser feliz ou impressionar,
> qual é a sua motivação para gastar?

Ser feliz ou impressionar, qual é a sua motivação para gastar o seu dinheiro? Pense um pouco, sempre faço essa pergunta nas minhas palestras e nos meus treinamentos. Por que comprar mais um? Por que comprar este mais caro? Você realmente vai usar tudo isso?

Muitas pessoas vivem com a preocupação de impressionar e preocupadas com o status. O que é status para você? Estar bem na fita, ter roupa de marca, ter o carro do ano, viajar, passear, ir a bons restaurantes ou ter os eletrônicos de último modelo?

Status

Recebi uma definição sobre status pela internet e adotei nos meus trabalhos: "status é comprar uma coisa que você não quer, com um dinheiro que você não tem, para mostrar para alguém que você não gosta, uma pessoa que você não é".

> Status é comprar uma coisa que você não quer, com um dinheiro que você não tem, para mostrar para uma pessoa que você não gosta, uma pessoa que você não é.

Você conhece alguém que tem o celular de último modelo com *bluetooth* e câmera de 20 megapixels, mas que não tem crédito; sem contar que o celular ainda é financiado em dez parcelas? O que fica procurando *wi-fi* para mandar um *whatsapp* dando toquinho ou ligando a cobrar?

Certa vez, fazendo consultorias individuais dentro de uma grande empresa, apareceu uma moça que tinha acabado de comprar um celular em dez parcelas de R$ 359,00. O celular top estava com a tela quebrada, ou seja, caiu logo nos primeiros dias de uso, e, para consertar, o valor era de R$ 900,00. O planejamento dela era esperar seis meses até o 13º para consertar o celular. Você conhece alguém assim? Dinheiro foi feito para gastar!

Quanto custa uma *smart tv top* para a sua casa? R$ 2.500,00? Claro que não. São dez parcelas de R$ 249,99, muito mais barato do que os dois mil e quinhentos. Ela funcionará bem na sua casa, sim ou não? Não, pois para funcionar bem você precisará de uma TV a cabo, bem como pagará R$ 249,99 por mês. Assim, são quase R$ 500,00 por mês pagos, na maioria das vezes, para assistir à Globo, que por sinal é de graça. Dinheiro foi feito para gastar, lembre-se.

A pressão pelo status ou pela aparência é muito grande e tem levado pessoas a trocarem de carro e de casa sem condições para tanto, a fim de vivenciarem um mundo de aparências, mostrando apenas o status.

> Compre aquilo que cabe no seu orçamento!

Você já viu aquela promoção compre um e pague dois? Já tivemos diversas promoções dessa. Compre um carro sem entrada em sessenta parcelas: você compra um, paga dois, e, no final de sessenta meses, tem o equivalente a meio carro na garagem. Cuidado: dinheiro foi feito para gastar, mas recomendo que não seja jogado fora.

Certa vez, um rapaz me disse que ao sair de casa pela manhã a primeira coisa que ele fazia era orar para Deus. "Deus, tira as *blitzs* do caminho, porque não paguei o meu IPVA ainda". Você conhece alguém que ora assim?

Não tem nada de errado em comprar um carro, mas oriento sobre algumas formas:

Compra à vista: essa é a melhor compra e a que eu pratico.

Compra financiada sem juros: veja se é sem juros mesmo e se terá IOF, porque você está fazendo uma operação financeira. Qual é o valor do carro à vista e qual é o valor do carro financiado sem juros?

Compra financiada com juros: está é uma compra que se repete várias vezes na vida, portanto quero reforçar o que já escrevi da página 26: se tem juros, oriento que o financiamento seja em doze, vinte e quatro ou no máximo trinta e seis parcelas. O ideal é dar uma entrada de pelo menos 50% do valor do carro e o financiamento em no máximo trinta e seis parcelas. Isso porque o brasileiro gosta de trocar de carro a cada três anos e você terá um carro quitado para trocar pelo próximo e terá pago menos juros. Se a prestação ficar muito alta, compre um carro mais barato, pague e depois troque por um melhor.

Compra por consórcio: não há juros, mas há taxa de administração. Você entrega o seu dinheiro para a administradora cuidar e te devolver no final ou se você for sorteado. Mas ela cobra por isso. Já avaliou a taxa. O ideal do consórcio é ser sorteado logo no início, mas não são todos que têm essa sorte. Como o consórcio é para a compra do carro, faça em no máximo trinta e seis parcelas também.

Carro é uma compra direta e causa vários custos indiretos no orçamento: gasolina, estacionamento, lavagens, seguro, IPVA e manutenção são alguns. Quando eu estava fazendo a minha pesquisa sobre a usabilidade do meu aplicativo *Fork Dreams* (gerenciador de sonhos), entrevistei várias pessoas e a primeira pergunta do questionário era: o que você fez quando recebeu o seu primeiro salário? A maioria das respostas foi: "torrei tudo com bobagens", aliás, alguns continuam torrando até hoje, como já escrevi aqui. Mas, o que me chamou atenção foi um cabeleireiro que disse: eu ganhava R$ 1.000,00 e comprei um carro com prestação de R$ 790,00. Eu me assustei, mas ele esclareceu. Foi a pior mer... que eu fiz na vida! Sofri com ele durante cinco anos.

> Ganhava R$ 1.000,00 e comprei um carro com prestação de R$ 790,00.

O status aparece também com muita frequência na construção e reforma de imóveis. Você conhece alguém que começou a construir uma casa e não conseguiu terminar? O que você acha que faltou? Dinheiro? Na maioria das vezes faltou planejamento. Constatei vários casos de pessoas que colocaram uma banheira de hidromassagem na suíte. Você pergunta: usando muito? Ela diz: não, se usar as contas de água e de luz vão lá para cima. O filho pede: pai, posso nadar na banheira? Não, meu filho! Então para que o sujeito gasta milhares de reais para colocar a banheira e não usar? Conheço vários casos de clientes que viraram escravos do bem que possuíam, pois tudo que ganhavam colocavam ali.

Muito cuidado com as compras que você faz diretamente, mas que indiretamente gerarão custos para você. Lembre-se dos custos indiretos.

5

BONS HÁBITOS PARA VIVER EM PAZ COM SEU DINHEIRO

> Os ricos tornam-se cada vez mais ricos, porque preferem ser como pobres perante a comunidade. Os pobres tornam-se cada vez mais pobres, por tentarem aparentar que são ricos.
>
> Louis Frankenberg

Mandamentos da prosperidade de Abraham Lincoln

Antes de começarmos com os tópicos da implantação do novo controle do orçamento, quero que você, leitor, reflita sobre os mandamentos da prosperidade que Abraham Lincoln, presidente dos Estados Unidos, escreveu em 1865. Entendo que eles têm tudo a ver com as finanças nos dias de hoje.

I. Não criarás prosperidade se desestimulares a poupança.

Comentário: aprenda a viver com menos do que você ganha e você prosperará.

II. Não criarás estabilidade permanente baseada em dinheiro emprestado.

Comentário: no Brasil, ainda há muita gente que diz que só consegue as coisas (bens) fazendo dívidas. Pode até conseguir, porém, algumas vezes a pessoa compra um bem e paga dois ou mais em caso de financiamento imobiliário. Se você consegue pagar a prestação, basta ter disciplina para juntar e pagar à vista ou no menor prazo.

III. Não evitarás dificuldades financeiras se gastares mais do que ganhas.
Comentário: esse não precisa de comentário.

IV. Não poderás ajudar os homens de maneira permanente se fizeres por eles aquilo que eles podem e devem fazer por si próprios.
Comentário: não faça o dever de casa de outras pessoas. Na maioria das vezes, ninguém ganhou dívidas, e sim construiu dívidas, portanto, quem construiu pode perfeitamente trabalhar para renegociá-las e liquidá-las. Isso não quer dizer que você não deva pedir ajuda, pois essa carga pode ser pesada demais para você sozinho.

Bons hábitos para controlar os gastos

O objetivo deste livro é ajudá-lo a viver em paz com o seu dinheiro e ter um bom relacionamento com as finanças, mas quero que quatro hábitos fiquem bem marcados na sua mente, uma vez que você precisa praticá-los. Esses hábitos me ajudam muito e têm ajudado várias pessoas.

1º Bom hábito

Antes de tomar qualquer decisão na vida, seja ela de compra ou qualquer outra, avalie se é razão ou emoção. Faça um exercício agora: coloque a mão direita na cabeça e coloque o indicador da mão esquerda no coração. Faça uma ligação externa, pois parece que você não está ligado por dentro. Agir somente com o coração pode fazer alguns estragos em sua vida e afetar muito a parte financeira. Não quero entrar em decisões na família, no trabalho, na rua, de modo que o meu foco são as finanças. Vejo pessoas comprando sem precisar, comprando sem saber usar, comprando sem saber como pagar e pessoas que estão com problemas financeiros não por conta delas, mas por conta de querer sempre ajudar os outros. Muitas vezes a melhor ajuda que você pode dar para alguém é falar não.

Razão ou emoção?

Razão ou emoção? Faça sempre essa pergunta.

Lembre-se de que todo o mundo quer pegar você pelo coração. O marketing é muito estudado e certeiro como uma flecha lançada por um cupido, sendo o alvo o seu coração. Tive a grande oportunidade de assistir a uma palestra do Bob Harrison. Esse executivo americano foi uma das pessoas que levantaram a Chrysler nos Estados Unidos. Hoje, a Chrysler é do grupo FIAT.

Ele disse que a solução para a Chrysler era parar de vender carros, portanto, deveria vender paixão, emoção, prazer e status em forma de carro. E foi assim que eles melhoraram os resultados da empresa. Todas as montadoras fazem isso, veja como as propagandas são perfeitas.

O que a *Kopenhagen* vende? Chocolates? Ela vende paixão e emoção, pois a *Kopenhagen* é especial para as pessoas especiais em momentos especiais, e, por isso, eles cobram mais. Quero lembrar sempre: dinheiro foi feito para gastar e proporcionar emoções sempre, contudo quero lembrar que para emoções você deve usar o seu dinheiro, e não o dinheiro emprestado.

Lembra do sinal de trânsito na porta da loja de sapatos femininos no *shopping* que já citei aqui?

Pare.

Olhe a Liquidação.

Siga o Coração.

Vitrine da loja no *shopping*

vermelho

amarelo

verde

Vendeu, não vendeu? Ainda mais por ser uma loja de sapatos para mulheres! Foi direto como uma flecha do Robin Hood no coração das clientes.

Cuidado com as atitudes por impulso, principalmente se a situação financeira não está boa. Você deve comparar o que é melhor: aquele sapato ou tênis novo ou as contas no azul? Se você acha que aquela compra é mais importante do que voltar sua conta para o azul, compre e fique devendo, mas não reclame depois, afinal, o dinheiro foi feito para gastar.

Promoções ou liquidações são excelentes oportunidades para se gastar menos, isso mesmo, gastar menos, pois alguns produtos ficam realmente mais baratos, mas gosto de lembrar de que se você quer economizar na *Black Friday*, por exemplo, não compre nada.

2º Bom hábito

Existem apenas dois tipos de gastos que realizamos, e, por consequência, dois tipos de dívidas. A primeira é a compra necessária, que você tem que realizar, pois não tem como postergar. A compra de um remédio de uso controlado, por exemplo, é um gasto necessário, e mesmo que você não tenha dinheiro para comprar à vista, você compra e paga no cartão, no cheque especial, fiado ou pede emprestado a alguém para comprar o seu remédio necessário.

O segundo gasto é o gasto desejado. Aproximadamente 70% de tudo o que você compra é desejo. São nesses gastos que existem margens para efetuar um controle e um enxugamento deles com o objetivo de organizar as finanças. O que mais vejo acontecer nos dias de hoje é que as pessoas não sabem diferenciar necessidade de desejo e muitas vezes classificam gastos desejados como itens necessários para serem vividos.

Sacada: mude a forma como você gasta o seu dinheiro. Em toda compra que você for realizar, você deve perguntar: é necessidade ou é desejo? Certamente você começará a gastar melhor o seu dinheiro.

É necessidade ou é desejo?

O primeiro hábito que escrevi foi razão e emoção. O segundo, necessidade e desejo. Esses hábitos mudaram a minha forma de gastar dinheiro e estão mudando para melhor a forma de gastar de muitas pessoas. Detalhe muito importante: não quero que as pessoas vivam apenas usando a razão ou comprando somente as necessidades, se for emoção ou se é desejo, mas você tem dinheiro no orçamento, vá em frente, compre e satisfaça as suas emoções e os seus desejos. Não quero ensinar ninguém a ser sovina, pão-duro ou mão de vaca, haja vista que eu não sou assim.

Vou citar exemplos para que você pese se é necessidade ou desejo. Não existe uma tabela pronta e uma regra rígida. Por exemplo, o que pode ser desejo para alguns, pode ser necessidade para outros.

Quanto custa um pacote com cinco quilos de arroz? Quando custa uma pizza? Quantas pessoas comem uma pizza? Certa vez, em uma palestra, a pessoa gritou que ela come uma pizza sozinha. E quantas pessoas comem um pacote de cinco quilos de arroz? Arroz é necessidade ou desejo? Pizza é necessidade ou desejo?

Vou propor um exercício para você, classifique agora os itens ao lado:

Produto ou serviço	Necessidade	Desejo
Luz elétrica		
Blusas de todas as cores		
Cerveja ou refrigerante		
Água		
Tênis e sapatos		
Arroz		

Qual foi o seu resultado? Quantos itens foram classificados em desejados e quantos em necessidade? O que gosto de alertar é que se endividar por itens de desejo não vale a pena, por isso não recomendo. E o seu celular? Você classificou como necessidade ou como desejo? Avalie também a necessidade de um modelo de última geração que pode onerar muito um item necessário.

3º Bom hábito

Você avaliou se é razão ou emoção, se é necessidade ou desejo e agora você vai fazer uma pergunta muito importante: tenho ou não tenho dinheiro? Essa pergunta ajuda muito a controlar os impulsos e as atitudes vindas do coração. Esse hábito é um complemento dos outros dois e o objetivo é fortalecer a sua decisão de gastar o seu dinheiro.

Tenho ou não tenho dinheiro?

Quero chamar a atenção sobre alguns detalhes muito importantes nessa pergunta.

Detalhe 1 – Ter dinheiro é diferente de ter crédito disponível.

Alguns bancos escrevem no saldo o extrato "disponível". Encontrei no meu trabalho várias pessoas que olham o disponível como sendo delas. Isso mesmo, o disponível algumas vezes está embutido no limite do cheque especial ou na conta garantida no caso de contas empresariais, e, se você usar esse disponível para comprar, estará comprando errado. Aprenda que o seu saldo é o seu dinheiro, e não o seu limite.

Detalhe 2 – Limite de cartão de crédito.

O cartão de crédito é poderoso, compra sem dinheiro, mas você deve se lembrar de que haverá uma data que chegará a fatura para o pagamento. Você sabe exatamente se terá dinheiro para pagar a fatura?

Detalhe 3 - Saldo positivo no dia não é garantia que você tem realmente dinheiro disponível para um gasto, principalmente se for um gasto com desejo. Você não pode se esquecer de compromissos no futuro. Quando você recebe o seu salário ou tem uma retirada no seu negócio, a sua conta tem dinheiro. Isso é excelente, mas você deve se lembrar do fluxo das suas finanças até a próxima entrada de dinheiro. Isso mesmo. Encontro muitas pessoas, que, quando a conta está positiva, elas compram e esquecem da fatura do cartão ou de uma conta que está em débito automático.

4º Bom hábito: caro x barato

Você deve aprender a comparar também o que é caro e o que é barato. Quanto custa um pé de alface? R$ 1,50, R$ 2,00 ou um pouco mais caro, dependendo do local em que você compra ou se ele é orgânico ou hidropônico. Agora, quanto custa o quilo da alface em um bom restaurante *self-service*? R$ 49,90 ou R$ 69,90. Isso mesmo, o mesmo pé de alface. Assim, você deve aprender a avaliar isso. Se você vai pagar R$ 70,00 no quilo da comida, coma filé, camarão, lagosta ou salmão. Dinheiro foi feito para gastar!

> Caro x barato.

Quanto custa um pneu de carro? R$ 300,00 ou mais? Gosto de lembrar de que quanto mais caro o pneu, melhor é o seu carro. Muitas pessoas esquecem disso. Quanto mais caro o carro, mais caro serão o seguro, a manutenção e os acessórios. Agora, quanto custa um bom tênis ou um bom sapato?

Um tênis de R$ 300,00 e um pneu de R$ 300,00. Qual é caro? E qual é barato? Você deve avaliar também a importância que aquele item tem para você. Do que adianta ter no pé um sapato ou um tênis de último modelo, e um carro, que é o seu transporte, que leva e que traz a sua família, estar com o pneu em péssimas condições de uso? Quanto tempo dura um pneu no seu carro? Será que você realmente não tem outro calçado para usar e com isso priorizar a troca dos pneus?

Apenas esses quatro hábitos ou quatro atitudes ou quatro passos podem proporcionar mudanças na forma como você gasta o seu dinheiro. Ainda não falei nada sobre o controle do orçamento ou de dívidas, falei de atitudes que vão mudar o seu comportamento financeiro para você viver melhor e em paz com o seu dinheiro.

Você recebe sacadas que mudam a sua educação financeira e aprende a usar e a valorizar o seu dinheiro. Dinheiro foi feito para gastar, usar, investir, experimentar e proporcionar sensações maravilhosas.

O antropólogo britânico Paco Undehill escreve: "Consumir tem pontos em comum com uma relação sexual, porque pressupõe a troca, o tato, o contato, o cheiro, a empatia, a experimentação e pode levar ao pleno prazer".

Por isso, te escrevi sobre esses hábitos positivos para você avaliar bem as armadilhas do prazer. Encontrei nesse trabalho de dezessete anos pessoas que usam o prazer de comprar para compensar algum outro problema. Desentendimentos familiares ou entre colegas de trabalho podem ser sanados nos *shoppings* ou nos barzinhos?

Encontrei uma dentista de sucesso que após uma separação estava com sérios problemas financeiros, contudo a renda dela era muito boa. Ela estava gastando muito tentando recompensar a filha com presentes pela falta do pai, produzindo também uma autocompensação com roupas e saídas que estavam desestruturando as finanças, isto é, pura compensação que a vida financeira não estava suportando. Ela estava passando por isso tudo, apesar da excelente renda que tinha.

Filhos merecem tudo do bom e do melhor?

Como entrei no assunto filhos quero perguntar: filhos merecem tudo do bom e do melhor? Sim, claro, desde que caiba no orçamento e esse é o segredo. Falar não, principalmente para os filhos, não é fácil, contudo encontro pais que estão em sérias condições de endividamento por quererem proporcionar aos filhos uma realidade financeira que o orçamento não suporta.

Educação dos filhos é necessidade ou desejo? É claro que é necessidade. Em qual escola? É lógico, a que cabe no orçamento! O que é mais importante para a família: a troca do carro com um financiamento em quarenta e oito parcelas ou mais ou pagar a escola particular do filho?

Vou repetir: somente esses quatro hábitos, se bem implantados na sua vida, mudarão a forma que você usa o seu dinheiro e farão com que a sua qualidade de vida melhore, porque a saúde financeira estará sob controle.

Inadimplência

Várias pesquisas comprovam os motivos para a inadimplência do consumidor. A Serasa Experian sempre divulga os principais fatos causados por inadimplência.

São sete os motivos:

1. Falta de educação financeira – Ainda são raras as escolas que ensinam educação financeira. Já melhorou muito, mas o número de escolas públicas, privadas ou universidades que trabalham o tema ainda é pequeno. Mesmo com toda a divulgação de mídia, de ações do Banco Central e de entidades privadas, ainda temos a falta de educação financeira para a população.

2. Falta de planejamento financeiro – Controle do que se ganha e quais os compromissos que devem ser cumpridos com aquela grana. Principalmente para quem tem renda variável e o planejamento financeiro é de vital importância.

3. Marketing e publicidade – São avançados os estudos de *marketing* e de publicidade para cada dia chamar mais a sua atenção e para fazer com que aquele produto se torne necessário na sua vida. Se você não usar os quatro hábitos passados, pode cair em armadilhas que querem pegar o seu dinheiro.

4. Parcelamentos – No Brasil, na maioria das lojas não há o preço do produto escrito, apesar de ser obrigatório, principalmente se o produto ou o serviço for de um valor maior, o que se tem é o valor da prestação. Um tênis, por exemplo, custa dez parcelas de R$ 35,90, o que nos parece muito mais barato do que R$ 360,00. Muito cuidado com compras parceladas, principalmente em itens de desejo.

5. Crédito fácil – Todo o mundo quer te conceder crédito. Bancos, financeiras, administradoras de cartões, lojas etc. E qual é o seu salário? Certa vez uma repórter da Globo me perguntou sobre qual é o limite de crédito que devemos ter para não ter problema financeiro. Eu disse que pode ser sem limite, você é quem deve saber usar o limite de crédito e não ser controlado ou limitado por um pedaço de plástico, por exemplo.

6. Falta de sonhos – Se você não tem uma meta a cumprir, um objetivo a conquistar, um sonho a realizar, você pode ficar sem norte. Certamente, vai gastar o dinheiro com outras coisas, e o dinheiro foi feito mesmo para gastar, mas o mesmo dinheiro gasto no dia a dia é o dinheiro para conquistar os seus sonhos. Foi por esse motivo que criei o meu aplicativo *Fork Dreams* – Gerenciador de Sonhos que está disponível grátis na Google Play e na APP Store.

7. **Status** – Comprar algo para aparecer e para ser aceito. Vou repetir a definição de status que coloquei aqui no livro *Viva em paz com seu dinheiro*. "Status é comprar uma coisa que você não quer, com um dinheiro que você não tem, para mostrar para alguém que você não gosta, uma pessoa que você não é.

Algumas pessoas ainda citam outros motivos para a inadimplência que não aparecem na pesquisa da Serasa Experian. Emprestar o nome ou ser avalista de alguém é também o atraso salarial. Para aqueles que gostam de ajudar os outros emprestando o nome, eu falo que é melhor dar do que avalizar. Se você tem dinheiro e está dentro do seu orçamento, ajude os outros. Contudo, se for fazer falta para você, cuidado. Sobre os atrasos salariais que muitos funcionários públicos passaram ou ainda passam, a solução seria ter uma reserva financeira para essa situação.

6

COMO GASTAR MELHOR O SEU DINHEIRO

No supermercado

Esse é um local onde grande parte dos brasileiros deixa boa parte da sua renda. É um local onde somos tentados a todo momento com as questões da necessidade e do desejo e do caro e do barato. O planejamento das compras no supermercado é uma forma para você gastar melhor o dinheiro.

Todo dia surge uma coisa nova no supermercado. A criatividade das empresas não tem fim. Eles colocam promotores que incentivam você a experimentar novidades, e, com isso, na maioria das vezes, fisgam os peixes pela boca.

Os hábitos estão mudando e as compras nos supermercados também. Sei que continua havendo aumentos de preços nos produtos, porém algumas mudanças de hábitos de alimentação estão provocando aumentos na conta dos gastos no supermercado.

Um dos setores que mais cresceram e que têm novidades no supermercado é o de comidas prontas. Praticidade para pessoas sem tempo. Você só tem o trabalho de esquentar o prato e de consumir a porção que foi feita "especialmente" para você. O tempo é muito escasso, e, com isso, o famoso arroz com feijão perde espaço a cada dia.

As comidas prontas são realmente uma "mão na roda", principalmente para pessoas que moram sozinhas. Contudo, gosto sempre de lembrar que ao comprar, por exemplo, uma lasanha congelada, você está pagando a alguém para preparar a lasanha para você, colocar em uma embalagem especial (que você esquenta, come na mesma embalagem e não precisa lavar pratos), transportar a lasanha em um caminhão especial e ainda deixar no freezer do supermercado. Você não compra só a lasanha.

Dá trabalho, mas fazer uma lasanha em casa normalmente faz com que ela fique mais gostosa e mais barata, a somar, e pode fazer com que você economize durante a semana, para que no fim de semana você gaste em um belo restaurante, porque dinheiro foi feito para gastar!

Dicas práticas para idas ao supermercado

- Leve a lista de compras. A lista é um levantamento do que você faz em casa para saber o que é necessário, o que realmente está faltando. Levando a lista, é comum que você compre a mais, porém, sem levar a lista, a tendência é que você compre a mais do que realmente precisa. A lista no celular já facilita, mas, se você for mais tecnológico, existem até aplicativos que ajudam.
- Procure experimentar outros produtos. Existem diferentes opções, do mais caro ao mais barato. Faça um teste, é só experimentar – algumas vezes você acerta. Outras, não.
- Diminua o número de idas ao supermercado. Por experiência própria, quanto mais você vai ao supermercado, mais gasta, mesmo com planejamento. Cuidado com as idas somente para aproveitar as ofertas.

- Se possível, vá sozinho. Ir sozinho já é um perigo, acompanhado o perigo é dobrado.
- Crianças: levar ou não levar? Na minha opinião, você deve aproveitar a ida ao supermercado para educar os seus filhos e ensiná-los a ter limite de compras. Se você não educar os seus filhos na hora da compra no supermercado, quem vai educar? A televisão? Você é quem deve fazer esse papel de educador financeiro. Dica para ensinar seus filhos a terem limites: mande-os fazer a lista do que querem. Depois separe o dinheiro que podem gastar, por exemplo, R$ 30,00 ou R$ 50,00, de acordo com o seu orçamento. Mostre que eles podem comprar tudo o que quiserem da lista, desde que não ultrapassem o limite, assim abrirão mão de alguma coisa, a fim de levar outras. Isso é educação financeira, porém, existem muitos pais sem limites.
- Não vá ao supermercado com fome.
- Faça uma meta semanal, quinzenal ou mensal de gastos no supermercado. Se não conseguir se controlar com o cartão de crédito, leve em dinheiro, assim você terá um limite.

Prezado leitor, garanto a você que o item supermercado tem deixado muitas pessoas e famílias com problemas no orçamento, unicamente por falta de planejamento, logo, mais uma vez eu lhe digo: compre os seus desejos e atenda o seu coração se os seus desejos e as suas emoções couberem dentro dos orçamentos pessoal e familiar.

Outro detalhe do planejamento da alimentação é fazer coisas demais e deixar sobrar uma grande quantidade de comida, e, algumas vezes, jogar alimentos fora. Isso é rasgar dinheiro! São nos pequenos gastos que estão grandes ralos do dinheiro.

> **São nos pequenos gastos que estão grandes ralos do dinheiro.**

Seis em cada dez brasileiros já estão acima do peso, isso quer dizer que estão comendo mais do que o necessário, e, certamente, existe uma margem de "gordura" a ser cortada nesse item do orçamento doméstico.

Nunca parcele as compras de alimentos. No máximo, compre no cartão para pagar no próximo mês. Quem compra alimentação e combustível parcelados, significa que num futuro breve podem surgir problemas no orçamento.

Alimentação fora de casa

Quero reforçar esta orientação: o custo da alimentação fora de casa, na maioria das vezes, é mais alto, pois estão embutidos serviços, aluguéis, salários e impostos. Eu adoro ir a restaurantes, mas procuro economizar durante a semana, para que nos fins de semana possa aproveitar. Alimentação fora de casa é necessidade ou desejo? Tenho ou não tenho dinheiro? É cara ou é barata?

Telefonia, internet e TV a cabo

A cada dia as pessoas utilizam mais a internet e o principal meio é o *smartphone*. Você ainda tem telefone fixo em casa? Como está a utilização dele? Talvez seja a hora de tentar economizar na conta do fixo, devido ao maior uso do celular.

Quanto ao uso de celular, é sempre bom ter cuidado, uma vez que algumas pessoas acham que é brinco. Você usa o seu celular a trabalho ou não? Qual é o valor do aparelho? Pré-pago ou pós-pago? A maioria dos brasileiros usa o pré-pago, porém, em alguns casos, compram-se tantos créditos que a melhor opção poderia ser um pós-pago, um plano família ou um plano empresa.

Quando você tem um CNPJ, você recebe uma ligação para fazer um plano empresa. Quem você coloca nesse plano? Você, funcionários, esposa, filhos e sogra? E quem paga a conta? Normalmente a empresa arca com o custo alto de pessoas que não deveriam fazer parte do plano empresa. Já vi casos de pessoas pagando contas altas mensalmente sem usar quase nada somente para "ganhar" um celular de último modelo. Cuidado com os custos de telefonia e de internet.

A TV a cabo é outro cupim que consome o seu orçamento. Muitos pagam R$ 250,00 ou R$ 300,00 por mês para assistir somente à Globo, que é de graça, correto? Gaste o seu dinheiro naquilo que realmente está usando. Já ouviu falar dos serviços de *streaming*, como, por exemplo, a Netflix?

Cartão de crédito

O cartão de crédito é uma excelente ferramenta de compras. Eu tenho, eu uso e aproveito as vantagens que o meu cartão oferece. Porém, é uma das principais ferramentas de endividamento do brasileiro nos últimos tempos.
Pergunto: você já recebeu um crédito no cartão de crédito? Normalmente, não. Talvez, alguma devolução. Na realidade, é cartão de dívidas. Toda vez que você usa o cartão faz uma dívida.
Existem vantagens e desvantagens no uso dos cartões de crédito.

Vantagens:

- Você compra sem dinheiro - Isso é ótimo, quando bem utilizado. Não tem dinheiro em conta, tem que comprar um item de necessidade, é só passar o cartão.
- Possibilita a centralização das compras para uma data de vencimento – O melhor dia de vencimento do cartão para quem recebe salário é o mais próximo possível da data do pagamento. Para quem é profissional liberal ou empresário, não coloque o vencimento junto com salários de empregados, impostos e compromissos altos.
- Programas de incentivo, milhagens, bônus etc. – Isso é bom, mas cuidado com o valor da anuidade que você paga para ter esses benefícios. Vi vários casos de pessoas que centralizaram suas compras para ganhar

milhagens e viajar, contudo, a fatura do cartão ficou maior do que o salário do mês. Com isso, o sujeito ficou inadimplente e não viajou para lugar nenhum.

- Você recebe um extrato com todos os seus gastos.
- Aceitos em todos os lugares.
- Você pode andar sem dinheiro.
- Você pode consultar o saldo pela internet para não ter surpresa com o valor da fatura no vencimento.
- Compras parceladas "sem juros" – Cuidado com esse sem juros, algumas vezes o desconto para pagamento no dinheiro é muito significativo.
- Status de ter um ou vários cartões.

Desvantagens

- Facilidade para gastar o dinheiro.
- Limite de gasto normalmente maior do que a sua renda. Isso é um perigo para quem não sabe usar.
- Juros por atraso e pagamento parcial – Proibitivos; os mais altos do mercado.
- Quem não é organizado, pode cair na armadilha das compras parceladas. Quem não tem organização, tenha um cartão somente.
- Custo alto para quem usa pouco – Veja na concorrência quem está cobrando menos ou dando isenção.
- Limites de crédito maiores do que a renda.

Já vi muitas pessoas com cartões de crédito internacionais e que não conhecem nem a minha querida Barão de Cocais, no interior de Minas. Pagam anuidades caras para receber um cartão *black*, *platinum* ou *gold*. Recebo sempre a pergunta acerca de qual é o limite ideal no cartão de crédito e sempre falo que é sem limite. Você não pode ser controlado por um pedaço de plástico, você é quem tem autonomia sobre ele. Quero reforçar que na compra à vista, tudo o que você levar para casa é seu, está pago. Quer coisa melhor do que isso? E quanto mais cartões de crédito, maiores são as possibilidades de gastos.

7
RESERVA FINANCEIRA

A primeira afirmação neste livro foi: dinheiro foi feito para gastar! Como ensinar a gastar dinheiro e falar bem de reserva financeira? Controlar o orçamento para quê? O gostoso é gastar! Eu adoro gastar dinheiro, mas não gastar tudo e construir uma reserva financeira é uma poderosa ferramenta para você conquistar os seus sonhos. Um dos meus objetivos é ter uma reserva financeira que seja o meu suporte financeiro por um ano. Se for por mais de um ano, melhor ainda!

Isso porque sou um palestrante sem salário definido, recebo quando ministro as palestras e os cursos e quero ter essa tranquilidade, caso haja anos ruins de contratação de palestras ou qualquer problema que possa acontecer. Esse é o meu caso, cada um tem o seu.

Qual é a sua reserva financeira hoje?

Qual é a sua reserva financeira hoje? Se você tivesse um salário guardado ou um valor suficiente para garantir o pagamento das suas contas por um mês, seria bom? E se fossem por dois meses ou por seis meses? Essa sensação de segurança é possibilitada pela reserva financeira.

Garanto que você, leitor deste livro, tem sonhos a realizar. Por que não começar uma reserva financeira para concretizar a realização dos seus sonhos? Os quatro principais sonhos do brasileiro, segundo pesquisa do Sebrae, são: casa própria, carro, viagem e negócio próprio. A reserva financeira é uma forma de você conquistar esses sonhos mais rápido, pois o dinheiro investido recebe juros e cresce mais rápido. Eu sei a importância dos sonhos na vida das pessoas, por isso criei o aplicativo *Fork Dreams* – Gerenciador de Sonhos. Agora, se você tem dívidas, o primeiro sonho pode ser quitar suas dívidas. Você topa? Quero te ajudar.

Fork Dreams – Gerenciador de Sonhos.

Baixe agora o aplicativo *Fork Dreams*:

Tenha um aplicativo leitor de QR Code.
Acesse o *app* e posicione sua câmera em frente ao código para leitura.

ou acesse pelo link:
http://forkdreams.com.br/

E uma reserva financeira para a sua aposentadoria? Você vai depender apenas do INSS? Vejo pessoas preocupadas com a aposentadoria, e, por isso, contratam planos de previdência, assim, gosto de lembrar a essas pessoas de que elas estão pagando a alguém para administrar o dinheiro delas e devolver no futuro, isso tem um custo e todos devem olhar com carinho para as taxas cobradas. Você mesmo pode fazer a sua reserva financeira para a aposentadoria, não precisa pagar ninguém por isso. Um grande erro que já vi: pessoas cometem o erro de estarem pagando planos de previdência para garantir o futuro, a completar, ao mesmo tempo em que estão pagando juros de cheque especial, cartão de crédito e empréstimos caros. Cuidado, isso está errado.

Reserva financeira deve sempre ter um propósito definido, um valor definido e uma data para ser alcançada. Se ficar guardando sempre, pode virar pão-duro ou tio patinhas e eu ensino que o dinheiro foi feito para gastar e realizar sonhos!

O dinheiro pode trabalhar por você!

Muito bem, agora que você já sabe a importância de gastar com sabedoria, bem como sabe a importância da reserva financeira, saiba também que o dinheiro pode trabalhar por você.

Ao começar a construir a sua reserva, você pode buscar opções de investimentos para que ela seja remunerada, sem riscos ou correndo riscos, de forma que os juros façam com que ela cresça mais rápido. Os juros são péssimos quando estão contra você, mas são excelentes quando estão a seu favor.

Existem no mercado diversas opções de investimentos, inclusive dentro do aplicativo *Fork Dreams* – Gerenciador de Sonhos apresentamos algumas, mas o mercado possui uma gama de possibilidades, desde a velha e boa poupança até fundos, tesouro direto, ações, *criptomoedas*, dentre outras que podem se adequar ao seu perfil, e, ao mesmo tempo, rentabilizar a sua reserva.

Temos também investimentos em imóveis que podem gerar uma remuneração para o seu capital investido: tudo pode compor a sua reserva. Porém, um alerta que passo é que o que pode ser bom para um, pode não ser bom para o outro. Tome cuidado com ditados antigos:

"Quem compra terra, não erra" e "imóvel é sempre um excelente negócio".

8

COMO ORGANIZAR O ORÇAMENTO

> O homem de bom senso economiza e tem sempre bastante comida e dinheiro em sua casa; o tolo gasta todo o seu dinheiro assim que recebe.
> Prov. 21:20 BV

O primeiro benefício da implantação de um bom controle do orçamento é que você poderá conhecer onde o seu dinheiro está sendo gasto. A maioria das pessoas sabe muito bem quanto gasta de água, de luz, de telefone, de condomínio, de aluguel, de prestação do imóvel ou do carro e de escola dos filhos. Tais gastos não são fixos, se você não controlá-los, eles só vão aumentar, mas esses gastos são frequentes: todos os meses estão presentes. Mesmo assim, existem pessoas que colocam no débito automático e que nem abrem e não procuram saber o que estão cobrando. Ei! Pare de fazer isso. Dê valor ao seu dinheiro! Cuide bem de seus compromissos!

Porém, são nos gastos variáveis que estão os maiores ralos do orçamento. Normalmente, não se sabe o quanto se gasta no supermercado, na padaria, no açougue, nos restaurantes, nos barzinhos, no salão, na academia, nas roupas, e, principalmente, nos presentes.

Quanto é o gasto com roupas e com sapatos para estar sempre na moda? E para frequentar todas as baladas e restaurantes da moda? E o seu *hobby*? Somente conhecendo todos esses gastos poderemos enxergar melhor onde o dinheiro recebido está sendo usado. Isso irá proporcionar a você um controle e uma adequação dos seus gastos ao que você ganha.

O processo de organização dos orçamentos pessoal e familiar é muito parecido com um processo de reeducação alimentar. Exige de você organização, disciplina e motivação: três itens importantíssimos para alcançar o sucesso.

Três passos para implantar um excelente controle do orçamento.

1º Passo

Anotar todas as receitas, e, principalmente, todos os gastos nos mínimos detalhes e durante 30 dias, isso se você for assalariado. Se você não tiver renda definida, deve anotar por 90 dias e avaliar as sazonalidades. Quem tem renda variável, deve prestar mais atenção ao controle do orçamento.

Salário fixo ou renda variável?

Quero aproveitar e perguntar. O que é melhor: salário fixo ou renda variável? Meu irmão diz: 'a certeza do salário fixo é que ele nunca vai aumentar'. Eu prefiro renda variável, pois, como o próprio nome diz, ela pode aumentar de acordo com o seu trabalho. Sobre benefícios, quem tem renda variável pode construir os seus benefícios.

Muitos podem achar que anotar tudo é coisa de pobre. Não, qualquer grande empresa tem orçamento e anota com uma caneta o que compra, e, se não cumprir, o orçamento tem problema. Na vida pessoal também deve ser assim. Isso é um processo para você conhecer onde o seu dinheiro está sendo gasto. Se você não anotar onde usa o seu dinheiro, provavelmente não vai conseguir organizar o seu orçamento. Afinal, como controlar algo que não é de seu conhecimento?

Anotar, porém, não é garantia de sucesso. Após uma palestra que ministrei no estado do Rio de Janeiro, uma pessoa me disse: Erasmo, trouxe aqui meu caderninho, faz seis anos que anoto tudo. Ótimo. Aprovei, e aí? Há seis anos que dá negativo. Então, é só anotar? Existem excelentes aplicativos de controles de gastos. Certa vez, um empresário disse que anotava tudo, qualquer real gasto, mas mesmo anotando tudo estava com R$ 20.000,00 no cheque especial. Se não mudar os hábitos e colocar prioridade nos gastos, não adianta anotar.

2º Passo

É importante sentar, você sozinho ou com a sua família, para analisar e avaliar onde pode haver um enxugamento. Quais as prioridades? Essa foi a minha principal atitude quando perdi o meu emprego e priorizei a quitação do meu apartamento. Isso fez toda a diferença na minha vida e está fazendo na vida de muitas pessoas que me acompanham.

O controle do orçamento deve ser uma ação de todos os membros da família. Coloque tudo no papel, em uma planilha ou no aplicativo e faça o seu balanço financeiro. Está bom ou ruim? Está de acordo com os sonhos de cada membro?

3º Passo

Controlar o orçamento não é fácil, gostoso é gastar. Por isso, o diferencial que implantei na minha vida foi estabelecer um motivo melhor do que gastar para que eu e minha esposa ficássemos motivados a realizar o sonho de ter o apartamento pago. Foco no seu objetivo. Se não tiver sonho, não vale a pena. O processo de construção do sonho é melhor do que a realização em si.

No meu caso, o primeiro sonho era sair da dívida do apartamento e aprender a viver melhor com menos dinheiro, e, mesmo assim, poder viajar e comprar carros. Isso foi a sacada na minha vida. Esse é o ponto principal onde muitas pessoas se perdem por não ter definido um sonho a ser conquistado. Isso me motivou a desenvolver o aplicativo Gerenciador de Sonhos que te dá dicas e cobra o compromisso que você tem com o seu sonho. Quero ajudar você na realização dos sonhos. O controle do orçamento é um grande passo.

A bíblia nos ensina a fazer um controle do orçamento: qual de vocês, se quiser construir uma torre, primeiro não se assenta e calcula o preço, para ver se tem dinheiro suficiente para completá-la? [29] Pois, se lançar o alicerce e não for capaz de terminá-la, todos os que a virem rirão dele, [30] dizendo: 'Este homem começou a construir e não foi capaz de terminar'. Lucas 14 28:30.

Ferramentas de controle de gastos

Existem várias ferramentas que podem ser úteis para o bom controle do orçamento, a saber, desde a agenda ou do caderninho que você anota tudo até as notas no celular que você pode usar para registrar os seus gastos e depois passar para outro lugar, como, por exemplo, uma planilha. Eu sempre disponibilizei uma planilha no meu site www.erasmovieira.com.br, mesmo havendo vários aplicativos que podem ser baixados gratuitamente ou não e que podem te ajudar no controle do orçamento.

> Planilha disponível no site:
> www.erasmovieira.com.br

Nenhuma dessas ferramentas é mágica e faz sozinha o trabalho! Você é quem terá a responsabilidade de usá-la, com o objetivo principal de viver em paz com o seu dinheiro. Se você não quer usar os recursos tecnológicos, anote tudo em um caderno, mas anote para conhecer a sua realidade.

> Anotar todos os gastos deve ser
> para o resto de sua vida? Sim ou Não?

Uma pergunta: você acha que anotar os seus gastos deve ser para o resto de sua vida? Preste bastante atenção. Se você tem um negócio ou trabalha como profissional liberal, deve sim anotar todos os gastos para o resto da vida. Você tem que saber o resultado financeiro da sua atividade. O mercado é muito exigente e quem não faz isso poderá sair dele. Você já ouviu aquela expressão: "Estou trocando cebolas"? Trocar cebolas significa trabalhar sem resultado. Se o seu negócio não dá resultado positivo, isto é, você só consegue trabalhar sem pagar impostos ou fazendo coisas erradas, mude. Nunca é tarde. Você deve estar adaptado ao mercado.

Agora, se você é assalariado ou tem uma retirada fixa no seu negócio, imagine a seguinte situação: um dia antes do crédito do seu salário, você olha a conta e tem mil reais de saldo positivo. Isso quer dizer que você está terminando o mês com saldo na conta, você tem ainda uma reserva financeira para a sua tranquilidade e já investiu um valor para realizar os seus sonhos mais caros, ou seja, isso quer dizer que a coisa está boa. Não precisa ficar anotando todos os centavos que gasta.

Mas, se as finanças estão apertadas, se há dívidas a serem quitadas ou se você não consegue realizar os seus sonhos, tome a atitude de começar a gastar melhor o seu dinheiro, controle o seu orçamento e comece a realizar os seus sonhos. Quero te lembrar que outras "saúdes" podem ser abaladas, problemas podem surgir durante a vida, mas com o orçamento em ordem e com uma reserva financeira, você pode enfrentar melhor todas as dificuldades.

Vou colocar um modelo simples de planilha para você visualizar melhor as suas finanças.

Conteúdo Interativo

Planilha de controle do orçamento

A maioria das pessoas faz assim: recebe seu salário ou renda, paga suas contas e o que sobra guarda para os sonhos. Mas normalmente não sobra e muitas vezes até falta, o que as leva às dívidas. Elas normalmente ficam frustradas por não conquistarem seus sonhos e podem até resolver fazer um endividamento para realizar o sonho de consumo, mas muito cuidado. Endividamento gera juros e seu sonho custará mais caro a seu bolso.

Neste ponto a planilha que está disponibilizada para download no site www.erasmovieira.com.br/planilha/ se diferencia das demais. Esta planilha apresenta-se da seguinte forma:

Primeiro quadro: receitas (tudo aquilo que entra no orçamento mensal).

Segundo quadro: sonhos (separe um valor mensal do seu orçamento para realizar seus sonhos de curto, médio e longo prazo).

Terceiro quadro: gastos mensais (aqui começa todos os itens que compõem as despesas do orçamento mensal).

Isso mesmo. Esta é a principal dica para você viver bem em paz com seu dinheiro e ainda realizar seus sonhos: Receba sua renda, retire a parte para seus sonhos e aprenda a viver com o resto.

Baixe agora sua planilha:

Tenha um aplicativo leitor de QR Code.
Acesse o *app* e posicione sua câmera em frente ao código para leitura.

ou pelo link:
www.erasmovieira.com.br/planilha/

Agora o passo a passo para fazer um bom controle do orçamento:

1º Passo
Você deve preencher a planilha ou anotar em um caderno todos os seus gastos durante um mês normal. Neste momento, não precisa consultar documento nenhum. Quero que você faça esse controle baseado apenas nos dados que tem na sua mente. Se tiver família, pergunte para eles, mas não busque documentos. Preencha com todas as despesas e também as receitas fixas e receitas esporádicas.

Esse processo pode ser mais difícil para quem não tem renda fixa, mas o ideal neste momento é que você imagine as suas receitas e os seus gastos mensais. Se não souber, "chute". Esse exercício é muito importante para saber o seu nível de consciência com suas finanças. Não leva mais do que dez ou do que quinze minutos para fazer esse orçamento, pois você não vai consultar nada. Anote em um papel ou na planilha. Esse orçamento vai ser usado para a comparação nos próximos passos. Esse passo é simples, mas é muito importante para o início do processo de controle do orçamento.

2º Passo
Nos próximos trinta dias, anote todas as suas despesas. Quanto maior for o detalhamento, melhor será para conhecer onde o seu dinheiro está sendo gasto. Anote em um papel, numa agenda ou no bloco de notas

do celular e depois passe para a planilha ou para o papel, a fim de ter o somatório. Se você tem renda variável, o ideal é que essa anotação seja por noventa dias.

Garanto que com o simples hábito de anotar os gastos, automaticamente você passará a pensar se é razão ou emoção. É necessidade ou desejo? Tenho ou não tenho dinheiro? É caro ou é barato? Tenho vários testemunhos de pessoas que mudaram a forma de gastar dinheiro ao ter essa atitude de controle do orçamento.

Observações importantes:
- Algumas pessoas questionam quanto à necessidade de anotar um lanche de R$ 5,00 ou uma gorjeta. Deve-se argumentar o seguinte: se você anotou a entrada, deve anotar todas as saídas. Não precisa esperar o dia primeiro do mês para começar a anotar.
- Todo gasto efetuado deve ser anotado, mesmo que a forma de pagamento seja o cartão de crédito que vai vencer no próximo mês ou mesmo se for uma compra parcelada. Isso porque quero que você aprenda a viver com o dinheiro que recebe no mês. Vamos imaginar que você recebesse um pacote de dinheiro e não tivesse crédito disponível. Você teria que aprender a administrar somente o dinheiro que estivesse no pacote. Esse é um controle de gastos, não é um controle de pagamentos que você faz! Se você durante um mês gastar menos do que recebe, automaticamente vai sobrar dinheiro na sua conta corrente.
- Estabeleça um dia na semana para pegar as ano-

tações e passar para a planilha, assim você terá resultados parciais dos gastos dentro do mês.

- Ao completar trinta dias, você terá um resultado dos seus gastos.

3º Passo
Compare o orçamento do 1º passo com o orçamento do 2º passo. O primeiro é o orçamento que você tinha na mente e o segundo é o valor que você gastou durante trinta dias. Não se esqueça das contas que entraram em débito automático, dos juros, das tarifas de bancos e também de lançamentos automáticos na sua fatura de cartão de crédito.

Avalie todos os seus gastos, veja se está valendo a pena ficar dessa forma. Se sobrou e você guardou para os seus sonhos, parabéns. Porém, se o resultado foi negativo ou você não conseguiu guardar nada para o seu sonho, faça um levantamento de item por item. Onde pode haver um enxugamento? O que pode ser cortado? Qual é o gasto que não está compensando ou que está impedindo a realização dos seus sonhos?

É muito importante que toda a família participe desse momento, para que todos estabeleçam os enxugamentos necessários e inteligentes, de acordo com o objetivo conjunto, mesmo que algum objetivo pessoal seja postergado. Será que o valor do supermercado está legal? Os gastos com celular? Os gastos com alimentação fora de casa? Os gastos com o carro?

Quero citar o exemplo de um atendimento que fiz.

Após uma série de palestras em uma grande empresa de mineração, estava fazendo atendimentos individuais. Um funcionário disse que gostaria de ser demitido para quitar as suas dívidas. Ao colocar os seus gastos em uma planilha, de acordo com o que ele tinha na cabeça, em dez minutos conseguimos enxergar que o peso do carro no orçamento mensal da família era quase duas vezes o que ele gastava com alimentação. Ele me disse: "Erasmo, eu nunca fiz um exercício desse. Meu carro está parado e está faltando alimentação para os meus filhos". Ele pensava somente na prestação do carro, mas nunca tinha somado os gastos com IPVA, gasolina, manutenção, seguro, estacionamento etc.

4º Passo
Estabeleça o orçamento ideal e comece a buscá-lo. Continue a anotar os seus gastos e veja se consegue cumprir as metas estipuladas, faça mês a mês a comparação: esse é um processo de reeducação financeira.

Neste livro falei muito sobre o orçamento familiar, agora, se você é solteiro é outra história. Solteiro não tem dívida, correto? Tem? Se tem, não casa não que a coisa pode piorar. Brincadeiras à parte, com certeza é mais fácil você deixar de sair algumas noites e inventar alguma coisa para fazer em casa, e, assim, economizar na balada, do que ter que tirar o filho da escola particular, pois a renda da família não suporta mais.

Normalmente, quando avalio o orçamento de pessoas e de famílias, os principais itens que identifico como causadores de problemas são o pagamento de juros e de compras parceladas no cartão e financiamentos, então, preste atenção ao tomar uma atitude de gastar um dinheiro que você ainda não recebeu. A dica é tentar minimizar esse item no orçamento. Quando perdi o meu emprego e avaliei o meu orçamento, identifiquei que os itens que mais pesavam no orçamento mensal eram o financiamento de apartamento e o financiamento de dois carros. Vendi os carros e com o dinheiro comecei a pagar antecipadamente as prestações do meu apartamento. Consegui com essa atitude antecipar a quitação do meu apartamento em cinco anos.

Você quer um aumento de salário?

Em minhas palestras, sempre pergunto quem quer aumento de salário. Sempre recebo a manifestação da maioria querendo. Eu informo que esse aumento quem vai proporcionar sou eu, Erasmo Vieira, e não o chefe ou a empresa. É simples: pare de pagar juros!

Foque na liquidação antecipada de seus empréstimos. No meu trabalho de consultorias aos cooperados da Sicoob Coopjus, encontrei muitas pessoas com a margem de empréstimos consignados toda tomada. Mais de 30% de empréstimos e essas pessoas ficam acostumadas a ter um salário líquido menor. E a facilidade desses servidores em tomar empréstimos com prazo longo é enorme. Eu sempre oriento: vamos quitar esses empréstimos, assim o líquido que cai na sua conta vai aumentar.

A minha maior preocupação para você viver em paz com o seu dinheiro são as atitudes que tem ao gastá-lo e o controle do seu orçamento. Isso porque a principal causa de endividamento da população é gastar mais do que ganha todos os meses. Se você leu o livro até aqui, passando a seguir à risca o fato de mudar os seus hábitos desde agora, eu tenho certeza de que a sua situação financeira vai mudar. Até faço um desafio:

Desafio.

Se você tomar essas atitudes e a sua situação financeira não mudar, me envie um e-mail para consultor@erasmovieira.com.br, porque você terá uma consultoria individual comigo *on-line* e grátis, de modo que trataremos exclusivamente do seu caso. Porém, se você tomar essas atitudes e a sua vida financeira mudar, me envie um e-mail contando sobre o seu sucesso.

Se você não tem dívidas, a sua leitura pode terminar aqui. Agora, vou falar somente para quem está com problemas de endividamento. Você pode continuar lendo para poder ajudar alguém com problemas de endividamento.

9
DÍVIDAS

Hoje é muito fácil fazer dívidas. Você pode comprar tudo parcelado, com ou sem juros. Quero fazer um alerta quanto às compras em parcelas "sem juros". No momento em que você faz um compromisso com um dinheiro que ainda vai receber, mesmo que não tenha juros, cuidado. Se os juros estiverem presentes, pior ainda. Quando você tem um comprovante de renda, todos querem te emprestar. Quanto maior e mais sólida for a empresa que você trabalha, mais crédito eles te concederão. Se for um servidor municipal, estadual ou federal, mais facilidade você terá para receber créditos com maiores prazos e "melhores" taxas.

> Ninguém come juros, bebe juros, assiste a juros, dirige juros, viaja juros ou mora em juros!

Quando você começa a pagar juros em suas compras, passa a ter um sócio no orçamento. Você trabalha e parte dos seus ganhos vai para o sócio que te emprestou o dinheiro para os seus gastos, isto é, você trabalha e ele ganha uma parte. Gosto de falar sempre: "Ninguém come juros, bebe juros, assiste a juros, dirige juros, viaja juros ou mora em juros! Juros são cupins do orçamento.

A principal causa de dívidas é o descontrole do orçamento mensal, portanto, gastar mais do que ganhar por não avaliar se é razão ou emoção e/ou necessidade ou desejo. Tenho ou não tenho dinheiro? Caro ou barato? Algumas pessoas procuram o consultor para que ele faça a mágica de acabar com o problema de endividamento. Se você construiu uma situação de endividamento, pode muito bem desconstruir essa situação e melhorar a sua vida financeira, sendo esse o primeiro sonho que motive você a viver em paz com o seu dinheiro. Tenho a experiência de que na maioria das vezes não se deve pagar dívidas dos outros. Ajude, cobre alguma atitude do endividado, mas nunca resolva de graça o problema do outro, pois isso pode ser momentâneo e depois gerar a mesma situação de endividamento no futuro. Em situações de endividamento, muitas pessoas pedem ajuda a Deus. Eu creio que Deus ajuda muito, bem como eu confio e acredito no poder dele, mas ele sonda o coração daquela pessoa antes de tudo.

Antes de falar das formas de eliminação das dívidas, quero escrever os cinco passos para você evitar dívidas:

1º Passo – Compre sempre à vista

Como já escrevi, o melhor benefício da compra à vista, além do desconto que você pode conseguir, é que tudo que você levar para casa é seu, está pago. Você quer coisa melhor do que isso? Principalmente compras que você realiza com frequência, como, por exemplo, alimentação, remédio, gasolina, roupas e presentes. Pode usar o cartão de crédito se você quiser ganhar milhagens ou bônus, mas pague em uma só parcela. Empresas aéreas não concedem descontos para a compra de passagens, o que pratico, nesse caso, pois como viajo muito, é a compra em uma parcela no cartão. Quando viajo a lazer, divido a compra em parcelas a serem pagas antes da viagem. Assim, quando voltar posso programar a próxima. Se você é um empresário e sabe trabalhar com o crédito do fornecedor, tudo bem. Mas conheço empresários que estão com o estoque todo pago, sem endividamento, e, por isso, compram melhor e têm margem maior.

2º Passo – Tenha controle dos orçamentos pessoal e familiar
Tudo que escrevi sobre hábitos positivos na hora de gastar e sobre o controle do orçamento é certamente a melhor orientação que passo para você viver em paz com o seu dinheiro. Se tem dívidas como imóvel e carro, que sejam bem administradas dentro do orçamento para que ele nunca estoure.

3º Passo – Tenha uma reserva financeira
O crédito "disponível" nos bancos não deve ser considerado como reserva financeira. Reserva é o seu porto seguro, deve ser utilizada em casos de emergência, pois é aquilo que você tem tranquilidade para usar, porque é um dinheiro seu. Agora, quem tem dinheiro, tem poder!

> Quem tem dinheiro, tem poder!

Oportunidades aparecem para quem tem dinheiro. Pessoas apertadas vendendo carros e imóveis aparecem todos os dias e quem aproveita essas oportunidades é quem tem dinheiro disponível. Uma parte do seu patrimônio deixe em reserva financeira com liquidez, pois isso é poderoso.

4º Passo – Tenha objetivos que o seu orçamento comporte

Qual é o seu sonho quando o assunto é carro? Qual é o seu sonho quando o assunto é viagem? Qual é o seu sonho quando o assunto é imóvel? Qual é o seu sonho quando o assunto é empreendedorismo? As respostas podem ser as melhores do mundo como: Mercedes benz, Dubai, apartamento de cobertura na zona sul, abrir uma franquia daquele restaurante famoso respectivamente etc. Não há nada de errado em ter sonhos grandes para te motivar. Mas talvez antes de comprar uma Mercedes, você tenha dinheiro para comprar um carro mais básico, uma viagem para a praia mais próxima, um lote no bairro x ou um pequeno comércio de bairro. Tenha sonhos que caibam no seu orçamento agora e tente melhorar o seu orçamento para conquistar sonhos maiores. Como relatei aqui, já atendi pessoas que ao comprarem o carro ou o apartamento dos sonhos, o bem virou um pesadelo na vida delas. Por isso, no meu aplicativo *Fork Dreams* – Gerenciador de Sonhos coloquei dicas que te ensinam a sonhar.

5º Passo – Evite o pagamento de juros

Minha preocupação é tanta com os juros que são pagos que eu gosto de ressaltar sempre: veja se vale a pena mesmo pagar juros em compras, se é mesmo a hora ou se pode ser prorrogado, afinal, existem formas de comprar sem juros, porque os juros comem parte da sua renda. Você deixa de comprar outra coisa quando paga juros em financiamentos.

Esses são os cinco passos que implantei na minha vida para viver melhor com o meu dinheiro, a saber, que deram certo para mim e para muitas pessoas desde o início do meu trabalho como palestrante e como consultor financeiro.

Agora, irei escrever para quem tem dívidas. Várias pessoas chegaram a mim e disseram: "Erasmo, estou no fundo do poço". Sabe o que eu descobri nesse meu trabalho? Não existe fundo do poço!

> Não existe fundo do poço!

Diante da pior situação de endividamento que se possa imaginar, se você não mudar a atitude em relação às suas dívidas, a situação pode piorar ainda mais. Dê um basta, mude, foque numa ação para mudar a sua história e começar a jogar uma terra e sair desse fundo do poço. É hora de parar de cavar no poço e começar a tampar o buraco.

Pode ser que não seja rápido e fácil, mas o que importa é a mudança de comportamento financeiro para viver em paz com o seu dinheiro. A primeira atitude para eliminar dívidas é conhecer as dívidas. Imagine a situação: você vai pedir ajuda a Deus para resolver o seu problema de endividamento. Deus chega para você e pergunta: meu filho, quanto você deve? Quanto você precisa? Você diz: é tanto que eu nem sei. Deus pode dizer: filho, se você não sabe quanto deve, quem vai querer saber? Não tenha medo de colocar a situação em um papel ou em uma planilha de dívidas. Já tive casos que quando mostrei para o cliente a situação de endividamento dele, ele nunca mais quis me ver. Outros se assustaram, mas mudaram a atitude de gastar e pouco a pouco foram recuperando a tranquilidade financeira.

Quando você vai ao médico ele pede uma série de exames de sangue, radiografias, ressonância para enxergar a situação e fazer o diagnóstico. Diante do diagnóstico ele fará o planejamento das medidas e dos remédios que devem ser tomados para resolver a situação.

A planilha de Controle das dívidas tem a mesma função. Você vai conhecer a situação do endividamento e fazer também o planejamento financeiro para renegociar e eliminar dívidas.

Por pior que esteja a situação, faça a planilha, não esmoreça, não dê mole para a situação. Muitos clientes relataram dificuldade em enxergar a situação do endividamento, mas essa é a melhor e mais rápida forma de enxergar a situação e partir para viver em paz com o seu dinheiro.

VIVA EM PAZ COM O SEU DINHEIRO

Baixe agora sua planilha:

Tenha um aplicativo leitor de QR Code.
Acesse o *app* e posicione sua câmera em frente ao código para leitura.

ou acesse pelo link:
www.erasmovieira.com.br/planilha/

Coloque todas as dívidas: cartões de crédito, cheques especiais, financiamentos, compras parceladas, dívidas com amigos e com parentes. O mesmo vale para a sua empresa. No caso de financiamentos, multiplique o valor das prestações pelo número de prestações que ainda deverão ser pagas. Dívidas ainda a vencer quando antecipadas devem receber descontos.

Quando tiver um retrato da situação, responda às seguintes perguntas:
- Qual dívida tem a maior taxa de juros?
- Qual dívida está pesando mais no orçamento? (Prestação maior)
- Qual dívida está causando maiores aborrecimentos? (Cobrança maior)

Quando tiver esses dados, fica mais fácil tomar a decisão. Quando pergunto nas minhas palestras quem você deve pagar primeiro, algumas pessoas já me respondem: quem chegar lá em casa primeiro! Isso não é legal. Oriento que você pague primeiro aquilo que é necessário para você viver. Pode ser que você esteja com o cheque especial estourado, mas o seu carro está com o IPVA atrasado, e é o seu instrumento de trabalho. Neste caso, você deve pagar o IPVA para trabalhar tranquilo e fazer dinheiro para quitar todas as outras dívidas, principalmente a do cheque especial que tem juros mais altos.

Certa vez, fui chamado pela Globo para conversar com pessoas que estavam no SPC – Serviço de Proteção ao Crédito olhando a situação do endividamento. A maioria não queria aparecer na Globo e dizer que estava devendo. Dívidas geram constrangimento, mas um taxista quis aparecer e receber orientações do consultor. Eu vi no extrato de endividamento dele que existiam várias dívidas com valores altos em bancos, mas também vi várias pequenas dívidas, como um cheque dado em um posto de gasolina no valor de R$ 50,00 e que voltou. Como ele não tinha condições de começar a quitar as dívidas maiores, orientei para que começasse pelas menores até chegar à grande. Ele ficou todo animado, e, a cada dívida que quitava, me relatava: menos uma, Erasmo! No caso do taxista, mesmo identificando que ele tinha dívidas maiores nos bancos, não tivemos condições de pagá-las primeiro, começamos pelas menores.

Formas de eliminação de dívidas

Depois que você fez o diagnóstico e conheceu todas as dívidas, irei escrever sobre as formas de eliminação de dívidas.

Utilize reserva financeira

Algumas pessoas possuem dívidas, e, ao mesmo tempo, têm dinheiro guardado de alguma forma, por exemplo, numa poupança, num consórcio, numa reserva para a previdência ou um dinheiro para a faculdade ou para o futuro dos filhos.

Na maioria das vezes, o que você está recebendo de juros nos investimentos é muito menor do que o quê você está pagando. Por exemplo, você está no cheque especial, e, ao mesmo tempo, faz um investimento para o futuro de seus filhos. Melhor do que pensar no futuro deles é parar de pagar os juros altos agora. Se você estivesse guardando o dinheiro que paga de juros para o seu filho, seria a melhor opção. Pegue emprestado o dinheiro do futuro de seu filho e faça um planejamento para devolvê-lo. Esse mesmo exemplo pode ser usado na sua previdência privada ou no consórcio.

> O melhor investimento
> do mercado se chama quitar dívidas!

Normalmente quitar dívidas é melhor que qualquer investimento financeiro.

Venda bens para quitar dívidas

Essa é uma das piores decisões para a eliminação das dívidas. É muito difícil de tomá-la, mas às vezes é a única solução para quitar ao ajudar você a sair das dívidas. Depois que você conseguiu construir algum patrimônio, deverá usá-lo para a eliminação de débitos. Isso tem que ser muito bem avaliado para se estudar a tendência. Se a projeção das dívidas for somente de crescimento e a do patrimônio não acompanhar esse crescimento, pode valer a pena.

Já vi casos de pessoas que não tomaram essa decisão com medo de perder o dinheiro e a dívida aumentou tanto que ultrapassou o valor do bem. Qualquer coisa a ser vendida vale na ajuda para a liquidação de dívidas. Não somente carro ou imóveis, coleções e aparelhos usados também. Você sabe o que é volume morto?

> Volume morto.

Quando teve a crise de água nas represas em São Paulo, eles retiraram as águas dos reservatórios, e, quando acabou a captação, eles olharam à frente e viram que existia mais água, que era o volume morto. Essa água ajudou muito. Sugeri ao Jornal Nacional uma reportagem sobre o volume morto nas finanças. Minha entrevista está disponível no meu canal do Youtube: youtube/erasmovieiraconsultor. Muitas pessoas possuem em casa coisas que são um volume morto e que podem ajudar na liquidação de dívidas.

Desapegue. O importante é acabar com a dívida, senão ela acaba com você. Não pense: não posso vender o meu lote, o meu sítio, a minha casa de praia, a minha moto, o meu carro, porque estarei perdendo dinheiro. Você está perdendo dinheiro pagando juros altos em dívidas. Fiz isso quando abri mão dos meus dois carros zero, lembra?

Troque dívidas ruins por menos ruins

Empréstimo não é a solução para dívidas! Empréstimo é outra dívida, porém existem vários tipos de dívidas e algumas são bem piores do que outras. Algumas têm taxas de juros maiores, outras têm um poder de coerção mais forte e outras têm um peso maior no orçamento mensal.

> Empréstimo não é solução para dívidas, empréstimo é outra dívida.

Você pode, por exemplo, pegar um empréstimo no banco para pagar o cheque especial ou liquidar a fatura do cartão de crédito. Isso vai lhe possibilitar pagar juros menores e em prestações menores que pesem menos no seu orçamento, mesmo que seja em um prazo maior.

Muitas pessoas fazem isso, porém o maior erro é esquecer de seus compromissos nos próximos meses. Qual é a primeira coisa que você deve fazer antes de pegar um empréstimo? Olhar a taxa de juros? Além de olhar a taxa de juros, você deve avaliar se a prestação cabe dentro do seu orçamento mensal. Por exemplo, se você negociou a fatura do cartão de crédito para o pagamento parcelado ou pegou um empréstimo para quitá-la, recomendo que enquanto estiver pagando esse financiamento você não use o seu cartão. Ficará difícil você pagar as compras mensais mais o financiamento.

Se você estiver no cheque especial e for pegar um empréstimo para liquidá-lo, o ideal é fazer o planejamento para cobrir o saldo do mês e também fazer uma projeção de como será o seu orçamento nos próximos meses, pois já vi muitos casos em que a pessoa ficou livre do cheque especial, e, para pagar a primeira parcela do financiamento, entrou no cheque especial novamente.

Já ouvi de várias pessoas que a melhor forma de negociar as suas dívidas é parar de pagar tudo e somente depois começar a negociar. Eu não considero essa forma, uma vez que considero que todos nós devemos honrar os nossos compromissos. Ninguém te obrigou a entrar no cheque especial, ninguém te obrigou a usar o cartão de crédito e ninguém te obrigou a comprar um carro e assinar um contrato para pagar o equivalente a dois carros. Se você vai tomar essa decisão, eu oriento que a faça com a ajuda de um advogado com experiência em negociações de dívidas.

Aumente a sua renda

Sei que não é fácil aumentar a renda, mas tenho comprovado que isso é realmente possível. Seja criativo, o que você sabe fazer? Como usar os seus talentos de forma que gere mais renda para você?

Fui contratado pela AMIS – Associação Mineira dos Supermercados para ministrar uma palestra na SUPERMINAS, o maior evento de supermercados do estado. Fui conversar com o superintendente para o *briefing* da palestra e ele me ensinou uma regra que logo implantei na minha vida. Deu muito certo e coloquei essa regra nas minhas palestras. Essa regra é o diferencial para você ganhar mais dinheiro.

Como ganhar mais dinheiro!

Você conhece o ouro? Ouro é caro ou é barato? Ouro é fácil de achar ou difícil de achar? Por ser difícil de achar o ouro, é caro. E a areia, se comparada com o ouro, é cara ou barata? É fácil de achar ou é difícil de achar? Areia é mais fácil, por isso é mais barata do que o ouro. Essa é a diferença para você ganhar mais dinheiro. Seja como ouro! Brilhe como ouro! Seja forte como ouro! Ouro vale mais e as pessoas estão dispostas a pagar mais para ter o ouro. Vejo muitas pessoas querendo receber como ouro e agindo como areia. Se você quer se diferenciar em qualquer mercado, seja como ouro.

Como disse, implantei essa regra na minha vida e agora recebo mais pelas minhas palestras, pelos meus treinamentos e pelas minhas consultorias. Quero brilhar como ouro para poder ser contratado novamente pelas grandes empresas. Quando fui assinar o meu contrato de mestrado, em 2011, eram vinte e quatro parcelas de R$ 1.459,00, mais de R$ 35.000,00. Um carro ou o mestrado? Eu vivo de carro ou com o conhecimento adquirido em estudos?

Estive duas vezes nos Estados Unidos para estudar: fui ao *interbusiness* na Florida Christian University e fiz um curso de *coaching* e liderança na Anderson University, na Carolina do Sul.

Em 2016, fiz o treinamento Quantum Lip do T Harv Eker, autor do livro *O segredo da mente milionária*, sempre investindo para que eu possa bilhar como ouro nos meus trabalhos.

Se Jesus fosse seu chefe, você iria trabalhar de forma diferente? Se a resposta for sim, comece a trabalhar como se o seu chefe fosse Jesus e tenho certeza de que alguém vai enxergar. Se você é empreendedor, então é aí que você tem que se diferenciar no mercado e bilhar como ouro.

Seja como ouro!

Ensinei isso a várias pessoas e tem dado certo. Certa vez, ministrei uma palestra em uma cidade e quatro meses depois eles me chamaram lá novamente. Uma pessoa me disse que tinha assistido à minha palestra e estava com dívidas. Depois da palestra, ela resolveu junto com a mulher fazer empadas e vender no serviço com o objetivo de quitar dívidas. Em quatro meses, mais da metade das dívidas já estava paga com o dinheiro somente da empada.

Um jovem casal, começando a vida, estava com compromissos demais assumidos com a festa de casamento e com um carro financiado. Resolveram os dois trabalhar juntos em um *buffet*, e, em uma noite de trabalho, conseguiam receber R$ 500,00 no total. Conseguiram pagar o carro trabalhando um pouco mais.

Já vi pessoas que começaram a fazer bijuterias ou trabalhos noturnos, como correção de trabalhos de mestrado e de doutorado. Agora, um caso de um servidor público me chamou muito atenção. Ele separou e 30% do salário foi para a pensão. Ele começou a estudar uma forma de aumentar a renda para repor esse valor da pensão, resolveu abrir uma loja de vinhos e hoje ele não é mais servidor, pois tem cinco lojas físicas e vende pela internet.

O importante é fazer alguma coisa e não ficar parado. Como você quer aumentar a sua renda sem fazer por merecer? Há muitas pessoas paradas esperando que algo aconteça, logo, mova-se, faça alguma coisa. Tudo o que você for fazer, faça com planejamento, estude pela internet, compareça a palestras e leia livros. Hoje existem diversas ferramentas para testar um negócio antes mesmo de abrir as portas ou de registrar tudo. Se der certo, excelente. Se não der certo, você pode buscar outra coisa sem gastar muito. Oriento para que você procure o Sebrae, ele é um excelente parceiro.

10

INVESTIMENTOS

Dinheiro foi feito para gastar! Quando você tem algum sonho que motive você a falar não para o consumo agora e reservar esse dinheiro para gastar no futuro, você não pode deixar esse dinheiro parado embaixo do colchão.

Quando você investe o seu dinheiro, você tem os juros ao seu lado e esses juros poderão te ajudar a conquistar os seus sonhos mais rápido. Investidor é todo aquele que tem uma sobra no orçamento – não apenas o rico e o poderoso. O mais importante é o hábito de poupar, e não o quanto se poupa. Lembra de quando mostrei os gastos com chocolates, cervejas ou refrigerantes e alimentação fora de casa? Pequenos gastos se transformam em valores milionários ao longo do tempo com a mágica dos juros sobre juros.

Neste livro, não quero aprofundar sobre investimentos, quero mostrar somente o poder do hábito de construir uma reserva financeira para a realização de sonhos. Certa vez, uma mulher me perguntou quanto deveria guardar por mês para conquistar a casa própria...(?) Eu perguntei a ela o quão importante era a casa própria na vida dela e qual o valor mensal que ela estaria disposta a investir todos os meses. A prioridade deve ser os seus sonhos, não o seu consumo mensal. Não invista o que sobra, porque na maioria das vezes não sobra nada.

Antes de decidir sobre qualquer investimento, você deve conhecer um pouco sobre as opções do mercado. Estude e cuidado para não arriscar muito o dinheiro que você guardou. Fique de olho sobre as seguintes questões:

• Sua necessidade de liquidez: o quanto você vai precisar desse dinheiro? As várias modalidades de investimentos apresentam diferentes tipos de liquidez. Exemplo: o dinheiro de uma reserva financeira para a emergência não pode estar investido em aplicação de baixa liquidez, como imóveis.

• Você está disposto a correr risco: as aplicações com risco maior têm chances de ganhos maiores. Mas você está disposto a olhar o saldo da aplicação e verificar se está menor do que quando aplicou?

• Crie o hábito de investir: principalmente se você recebe uma renda fixa em data certa, todos os meses coloque uma aplicação programada para cair junto com a sua renda. Isso vai garantir um futuro tranquilo, porque o investimento não deve ser coisa eventual. Não tenha medo de começar com pouco.

Acompanhe os seus investimentos, e, se alguma coisa estiver incomodando você, mude e faça novos planos. O mercado de investimentos é muito dinâmico e existem sempre novidades. O aplicativo *Fork Dreams* – Gerenciador de Sonhos dá dicas e opções de investimentos.

Simulação de investimento

Você quer viver mais trinta anos? Vamos fazer uma simulação de investimentos para trinta anos. Comece a guardar R$ 100,00 por mês. Trinta anos são 360 meses, portanto, você vai guardar R$ 36.000,00. Esse é o valor que sairá do seu bolso se você colocar o dinheiro debaixo do colchão. Contudo, se você conseguir aplicá-lo a uma taxa de 0,5% ao mês, esse dinheiro se transformará em R$ 100.451,50. Isso quer dizer que você trabalhou e guardou R$ 36.000,00 e os juros trabalharam para você R$ 64.451,50.

No Brasil, já tivemos históricos de taxas de juros muito mais altas, e também é necessário acompanhar a inflação no seu dinheiro, mas, de toda forma, R$ 100.000,00 é muito mais do que R$ 36.000,00.

Agora, por favor, não faça como a maioria dos brasileiros que começa a investir R$ 100,00, e, em doze meses, junta R$ 1.200,00 mais um pouco de juros. Neste momento, o bichinho do consumismo fala em seu ouvido: "guardou um ano e não rendeu nada, torre tudo na praia, você merece!" Mas, no longo prazo faz toda a diferença.

Escrevi este livro sobre saúde financeira e sobre como viver em paz com o seu dinheiro para mostrar o quanto essa saúde impacta na sua qualidade de vida. Dinheiro foi feito para gastar, investir, usufruir, experimentar, e, principalmente, realizar sonhos.

11

VIVA EM PAZ COM SEU DINHEIRO

Quero que você viva bem e em paz com a grana que consegue gerar. Se você é solteiro, mãos à obra para iniciar a organização das suas finanças ou para planejar os seus sonhos. Para quem é casado e vai conversar com a família, quero deixar algumas dicas:

1. **Reconheça o problema como nosso.**
   a. O que importa é a situação de agora para frente, independentemente de erros do passado. É importantíssimo que todos os membros da família participem do projeto de reorganização financeira ou do planejamento financeiro para conquistar sonhos.

2. **Escolha local e hora para fazer o controle**
   a. Nunca na cama, na mesa de jantar ou com álcool na cabeça. Estabeleça dez ou quinze minutos semanais para cuidar das finanças, e, uma vez por mês, faça o balanço e acompanhe os resultados. Se os objetivos foram alcançados, parabéns. Senão, vamos rever o planejamento.

3. **Mude a forma de conversar sobre finanças**
   a. Eu gosto, eu estou errado, eu estou me sentido inseguro... Não acuse. Se você chegar à sua casa e disser para a esposa ou marido: "leia este livro porque você está com a vida financeira errada"! Você já acusou, atacou e certamente receberá o contra-ataque. Fale assim: "li este livro e vi que a forma que nós cuidamos do nosso dinheiro está errada. Vamos planejar uma mudança para alcançar os nossos sonhos?".

4. Não fuja do assunto, não esconda o caso

a. Depois que você conheceu a realidade financeira, tome atitudes para acabar com os problemas ou para vencer os desafios. Já vi muitos casais que escondem a vida financeira um do outro, juntam os lençóis, mas não juntam o dinheiro. O ideal é repartir funções, portanto, ouça o que o outro tem a falar.

5. Comece a mudança para viver melhor com o seu dinheiro

a. Enfrente a sua realidade, pregue os seus objetivos no armário ou na geladeira e parta para a ação. Não culpe a falta de tempo ou de ferramentas.

Pergunta final

Quando você passar a viver melhor com o seu dinheiro, você vai comprar mais ou vai comprar menos?

Essa é a pergunta final que faço em todas as minhas palestras. Quero reforçar que com a educação financeira você compra sempre mais. Isso mesmo: compra sempre mais. Se você parar de pagar juros no cheque especial, vai sobrar dinheiro para comprar mais blusinhas. Se comprar mais à vista, terá descontos e sobrará mais dinheiro no seu bolso para comprar mais cervejinhas. Se você tem uma dívida e antecipa a liquidação dela, normalmente quem antecipa a liquidação de uma dívida tem desconto e sobrará mais dinheiro na sua mão para realizar os seus sonhos!

Quero repetir o desafio:

Se você praticar essas atitudes escritas no livro e não der certo na sua vida, por favor me envie um e-mail relatando os problemas e você ganhará uma consultoria *on-line* diretamente comigo. Porém, se você praticar as atitudes e der certo, por favor me envie um e-mail relatando os sucessos alcançados.

Se você gostou do livro, compartilhe as ideias, inscreva-se nos nossos canais, compartilhe com os seus amigos e com os seus parentes para que todos possam viver em paz com o dinheiro.

ERASMO VIEIRA

Palestrante e consultor financeiro. Mestre em administração com o tema qualidade de vida e endividamento. Autor do livro Viva em paz com seu dinheiro e coautor do livro Motivação em vendas. Consultor dos principais veículos de comunicação do país como: Jornal Nacional, Jornal Hoje, Bom dia Brasil, Folha de São Paulo, revistas Veja e Você S/A e jornais Estado de Minas, A Tarde, Zero Hora.

Desenvolveu o conteúdo do projeto gestão do orçamento dos correios - Brasília, material que foi distribuído para 98.000 funcionários. Palestrante e facilitador de cursos das principais empresas do país: Vale, Petrobras, Samarco, Souza Cruz, Anglogold, Sebrae, Sicoob, Bayer, Alcoa, Forluz e órgãos governamentais.

Palestrante do Congresso Iberoamericano de Mulheres Empresárias – CIME e do Congresso Nacional de Remuneração – Conarem. Certificados internacionais de *coaching* e liderança na Florida Christian University e na Anderson University nos EUA. Idealizador do aplicativo Gerenciador de Sonhos *Fork Dreams*.